É DA MINHA CONTA!

FLÁVIA PADOVEZE

É DA MINHA CONTA!

Organização financeira para mulheres que buscam prosperidade e equilíbrio

Casa da Palavra

Este livro foi revisado segundo o novo Acordo Ortográfico da Língua Portuguesa.

Editora
Fernanda Cardoso Zimmerhansl

Editora assistente
Beatriz Sarlo

Fechamento de arquivo
Leandro Dittz

Preparação de originais
Sibelle Pedral

Revisão
Bruno Fiuza

Projeto gráfico de miolo e capa
Paula Astiz

Ilustração de capa e miolo
Weberson Santiago

Diagramação
Abreu's System

CIP-BRASIL. CATALOGAÇÃO NA PUBLICAÇÃO
SINDICATO NACIONAL DOS EDITORES DE LIVROS, RJ

P138d

Padoveze, Flávia
É da minha conta! / Flávia Padoveze. - 1. ed. - Rio de Janeiro : Casa da Palavra, 2015.

128 p. ; 21 cm.
ISBN 978-85-7734-523-6

1. Mulheres - Finanças pessoais. 2. Segurança financeira. 3. Educação financeira. I. Título.

14-15919 CDD: 332.024
CDU: 330.567.2

CASA DA PALAVRA PRODUÇÃO EDITORIAL
Av. Calógeras, 6, 701 — Rio de Janeiro
21.2222-3167 21.2224-7461
divulga@casadapalavra.com.br
www.casadapalavra.com.br

Ao Cris, à Luiza e ao Antonio.
O amor por vocês é o calor que aquece minha alma.
À minha mãe Cé, ao Ju e à Esté,
que são minha fortaleza.
Ao meu pai e ao meu avô,
que me ensinaram o valor do trabalho e do dinheiro.

SUMÁRIO

INTRODUÇÃO

Minha relação com dinheiro combina carinho, dedicação e paixão. E não é que eu seja uma pessoa materialista: acredito que, quando assumimos o comando de nossos recursos financeiros, estamos cuidando de nós mesmas e de nossas famílias, garantindo uma longa vida de tranquilidade e segurança, conquistas, prazeres e prosperidade. Com este livro, gostaria de despertar em você essa mesma paixão e mostrar que é possível administrar nosso orçamento de forma a realizar o que mais desejamos em todos os aspectos da vida: estudar, viajar, comprar um apartamento, uma bolsa incrível, ter seis filhos (se o seu sonho for construir uma grande família)!

Sempre que busquei informações sobre finanças pessoais em livros, com honrosas exceções, encontrei obras que pareciam compilações de regras do Banco Central. Por isso, usarei aqui palavras simples, de todo dia. A expressão técnica mais complexa que você encontrará nas páginas a seguir será "juros compostos", e ainda assim porque eles são nossos amigos e vou ajudar você a usá-los a seu favor. Mesmo sem falar de economia, estou confiante em que chegará ao final preparadíssima para a prosperidade. E não, eu não vou pedir a você que deixe de consumir, porque sou mulher e sei como um sapato incrível ou um vestido deslumbrante nos faz felizes. Quero propor outro jeito de consumir, e prometo que você vai sair ganhando.

Como consultora de finanças pessoais, sou procurada por muitas mulheres que me falam o quanto é difícil cuidar do próprio dinheiro (atendo homens também, mas a relação deles com dinheiro é diferente). A verdade é que não fomos, e ainda não somos, educadas para organizar nossas finanças. A sociedade até hoje nos trata como se não tivéssemos competência nesse assunto — como se viéssemos "de fábrica" sem o chip da organização financeira. Ainda somos mais reconhecidas por nossa capacidade de acolhimento, pelo valor da maternidade e pela vaidade do que pela nossa capacidade de multiplicar nosso capital. Quando um homem nos quer bem, é comum que ele nos diga: "Deixa que eu cuido do seu dinheiro" — não por mal nem por ganância, e sim porque não acredita no nosso talento para essa tarefa. Existem, claro, mulheres que fazem isso muito bem, e conheci algumas. No entanto, são profissionais que ganham mais do que conseguem gastar; esse alto fluxo financeiro praticamente as obriga a aprender a investir, pois precisam encontrar um lugar para colocar o "excedente". Não acredito que essa seja a melhor saída para nós, mulheres: cada vez mais, buscamos a harmonia entre nosso trabalho e vida pessoal, entre deveres e prazeres. Este livro olha para o dinheiro como o que, na minha opinião, ele deveria ser: uma fonte de equilíbrio.

DINHEIRO = TRANQUILIDADE

Dinheiro, para mim, está ligado às boas emoções: conhecer lugares novos, estudar assuntos diferentes, preparar para os meus filhos um futuro interessante. Não combina com desânimo, com falta de amor, com a ausência de alguém com quem sair esta noite. Quem pensa no dinheiro como compensação para o que não anda bem na vida se afasta do objetivo de conquistar prosperidade. Preste atenção nesta palavra: *compensação*. Ela é diferente de *recompensa* – esta sim eu me permito quando atinjo uma meta. Quero mostrar com muita clareza a diferença entre as duas situações, para que você perceba quando está prestes a entrar em uma ou em outra e não se deixe levar por emoções desencontradas.

Não vou fazer isso escrevendo capítulos e mais capítulos cheios de regras. Convido você a conhecer as quatro mulheres que fazem parte deste livro: Rafaela, Allegra, Veridiana e Eduarda. Nenhuma delas existe de verdade, com nome e sobrenome, mas ao mesmo tempo elas são bem reais: cada uma reúne características de centenas de clientes que atendi. Mapeei personalidades e atitudes comuns e imaginei problemas frequentes – questões cotidianas – para nossas personagens. Elas vão falar sobre como organizar suas finanças no dia a dia, a importância do planejamento financeiro e sobre crescimento do seu patrimônio. Vai ser uma espécie de *Sex and the city*, só que aqui o assunto é dinheiro – *Money and the city*, que tal? Enquanto elas conversam – e nessas conversas há muito dos diálogos que eu mesma já tive com as mulheres que conheci –, vou tratando de temas espinhosos e explicando como se sai de armadilhas como o endividamento, a incapacidade de poupança, a dificuldade para planejar o futuro. Afinal, se existe uma palavra que, na minha opinião, deveria andar de mãos dadas com dinheiro, essa palavra é tranquilidade. Tranquila: é assim que eu gostaria que você, ou a amiga para quem você comprou este livro com a melhor das intenções, se sentisse ao final dessa leitura. As mulheres estão vivendo em média 78,3 anos, segundo o IBGE. Para encarar tantas décadas sem sobressaltos com dinheiro, não tem muita saída: é preciso guardar. Isso é bem possível, com conhecimento, planejamento e foco. Graças às ideias e soluções deste livro, você pode até ficar rica, se esse for o seu sonho – afinal, estamos aqui para que você o realize, certo?

A chave, estou convencida, é um relacionamento honesto e direto com dinheiro, respeitoso, claro, mas que o mantenha no seu devido lugar. Aprendi a me relacionar com o dinheiro desde pequena. Todo Natal e aniversário, meu avô me dava de presente alguma quantia para colocar na poupança que meu pai tinha feito para mim quando nasci. Aos 12 anos, ganhei desse avô uma calculadora. Filho de imigrantes italianos com poucos recursos, Santo Padoveze tinha uma habilidade extraordinária para se entender com dinheiro. Ele começou no interior de São Paulo, na pequena Santa Bárbara d'Oeste, vendendo copos de vidro para restaurantes. Transportava os copos numa charrete puxada por uma égua, Nina (não sei como não quebravam!). A certa altura, perguntaram a ele se não era possível apenas alugar os copos, pois muitos restaurantes só tinham necessidade de quantidades maiores em alguns períodos do mês ou do ano. Meu avô achou a ideia boa, acatou-a e, mais tarde, passou também a oferecer louças e serviços. Foi só o começo de um negócio que proporcionou muito conforto a toda a família.

Pois essa figura extraordinária abria o extrato do banco comigo todos os meses e me mostrava como meu dinheiro "crescia" quando ficava no banco; eu achava aquilo maravilhoso. E não é? Imagina só, uma criança de 10 anos vendo que a cada mês aquele dinheirinho que tinha guardado crescia só porque ele dormia lá (no banco) e não na minha carteira... Acho isso incrível até hoje — a maravilha dos juros compostos. (Lembra? Falei há pouco que "juros compostos" era o máximo de economês que você encontrará por aqui.) Já idoso, meu avô mancava e não conseguia mais carregar bandejas, mas ficava de longe supervisionando a equipe e cuidando para que nada saísse errado. Era a alma do negócio. Um homem próspero e realizado.

Acho que Santo Padoveze já sabia que a semente do "cuidado com o dinheiro" estava plantada em mim. Ele me ensinou o prazer de investir antes de conhecer o prazer de consumir.

Quando conto essa história, a maioria das pessoas diz: "Que sorte ter tido um professor assim!" Ele pode ter sido a minha "sorte", mas nós também podemos usar nossos conhecimentos para transmitir "sorte" a outros. Meus pais contribuíram muito com esse aprendizado ao longo da vida, ensinando a mim e a meus irmãos como administrar as próprias finanças. Cada um de nós cultivou seu estilo e suas prioridades, mas temos em comum a busca incessante por fazer o melhor com os recursos que realmente temos.

Tocado pelos filhos, o negócio de festas ainda prosperou por algum tempo até fechar as portas, em 2013, quando os administradores decidiram, de comum acordo, que era hora de encerrar o batente de tanto trabalho e viver prazerosamente uma aposentadoria feliz. É ou não é um final encantador para uma história de sucesso?

Até hoje, quando alguém me diz que não consegue poupar dinheiro, peço a essa pessoa que pense em algo que deseja muito comprar. Faço com ela um planejamento e alguns meses depois, embora tenha o dinheiro na mão, o que mais escuto dessa cliente é: "Quer saber? Não vou mais comprar." Eu entendo: a satisfação de ter juntado o dinheiro é maior do que o prazer da aquisição e produz uma agradável sensação de... poder. O grande segredo de guardar dinheiro é saber o que se vai fazer com ele. Com o detalhe mágico de que o percurso pode se tornar – na maioria das vezes, se torna – mais interessante do que o objetivo. E o objetivo se torna uma *recompensa*, aquela de que falei antes. Eu me premio pelo que conquistei, não para compensar algum desapontamento. A atitude é outra. Quando nos relacionamos bem com dinheiro e sabemos o que queremos dele, temos o poder de tomar decisões que nos façam felizes.

Também quero propor uma visão de longo prazo no que diz respeito às finanças. Frequentemente, os conceitos que relacionam ganhos e tempo são falhos. A gente pensa no quanto ganhamos no mês, mas na verdade, ao organizar as finanças, não deveríamos nos esquecer de planejar as despesas para o ano e até para a aposentadoria. O ideal, do ponto de vista da organização financeira, é que não tenhamos que usar o dinheiro do mês para pagar o IPVA por exemplo, e sim empregar aquela reserva que programamos no ano anterior com essa finalidade. E, se as condições – descontos e prazos – forem favoráveis, quitá-lo à vista. Isso é viável! No entanto, encontro muitas mulheres que parcelam tudo, pensando apenas no valor que "cabe" no salário do mês. Minha experiência em orientação financeira me ensinou que, com algumas exceções, quem possui cinco parcelas no cartão de crédito já perdeu as rédeas da vida financeira – e pode estar caminhando depressa para o endividamento. Conheço pessoas que pagaram um tênis em 12 vezes, sem se dar conta de que ele não duraria um ano! E quando não tiver dinheiro? E quando não tiver salário? Sabe aquela viagem que você dividiu em 10 vezes e continua pagando muito depois de ter voltado? É uma sensação terrível: você lembra do passeio pela parcela no cartão, e não pela foto ou pelas boas recordações. Eu vou te convencer a parar de parcelar já (a não ser que o parcelamento traga algum retorno em juros compostos).

NÃO COMO NOSSOS PAIS

Se você tem filhos, este livro pretende provocar um agradável efeito colateral: seu bom exemplo vai influenciar a forma como eles lidarão com dinheiro no futuro, quando tiverem renda própria. Sem exemplo de pai e mãe não adianta o melhor curso de educação financeira. Nem preciso dizer, mas hoje em dia, antes mesmo de saber o que é dinheiro e entender que se trata de um recurso limitado, qualquer criança já captou como funcionam os cartões de débito e de crédito. É responsabilidade nossa educar bem nossos filhos para que eles possam enriquecer sem crenças nem medos, conscientes dos riscos do consumo sem limites.

Tenho dois filhos pequenos, e estou em plena batalha para que eles construam uma relação equilibrada com as finanças. De vez em quando colho recompensas. Minha filha de 6 anos já entendeu que, quando o cofrinho estiver cheio, ela poderá comprar algo mais valioso do que se ficasse gastando aos pouquinhos. Outro dia, veio me contar que não cabiam mais moedas — o cofrinho tinha enchido até a boca. Dei parabéns e perguntei como ela desejava gastar o que tinha poupado. Ela, toda séria, me pediu um cofrinho maior. Pensei, então, que já era hora de explicar a ela que dinheiro poupado pede um objetivo, e que poupar só por poupar também não é bom. Equilíbrio, lembra?

Guardadas as devidas proporções, gostaria – e tenho visto isso acontecer com frequência – que você também pensasse num cofrinho maior quando o atual estiver transbordando. Se tantas de nós não tivemos educação financeira, não é culpa dos nossos pais, não. Muitas famílias brasileiras viveram tempos de inflação altíssima, à mercê de um sistema financeiro instável e de muitas incertezas na economia. Nos anos 1980, elas tinham que sobreviver com salários que perdiam a maior parte do valor de compra bem antes de o mês terminar. Outras, mais recentemente, experimentaram o consumo sem limites durante os anos produtivos, sobretudo a partir de 2000, e descobriram tempos depois que teriam uma terceira idade muito abaixo do padrão que haviam experimentado. Você deve conhecer alguns casos assim, não conhece?

Se você ainda não está 100% convencida de que sua vida só vai melhorar após a leitura deste livro, vou fechar essa introdução com o resultado de uma pesquisa que fiz entre algumas clientes que atendi nos últimos quatro anos. Perguntei a elas qual era o maior prazer de ter organizado a vida financeira. As respostas me emocionaram e me deram a certeza de que estou no caminho certo.

"Não ficar mais com saldo devedor no banco."

"Os prazeres foram tantos! Sensação de estar no controle, consciência de estar guardando para o futuro (sem nunca deixar de aproveitar o presente), conseguir economizar e conquistar metas... Também deixei de sentir aquela sensação horrível de descontrole pós-viagens, agora é tudo mais controlado e consciente!"

"Pagar as grandes despesas do começo do ano à vista, usando o 13º salário e ainda por cima pagando com desconto! O dinheiro do mês é para as despesas habituais e para... desfrutar!"

"Conquistei a liberdade de não ter mais dívidas e me sinto mais segura."

"Pagar toda a viagem de férias antes de partir. E a melhor parte: voltar de férias e perceber que foi um mês de economia nas despesas mensais porque estava fora de casa. Sobra uma 'graninha' extra para fazer uma melhoria na casa ou até mesmo pra investir."

"Fazer um programa custo zero, como um piquenique no parque, porque o orçamento do mês já estava comprometido, e sentir no fim do dia a satisfação pela ideia criativa e prazerosa."

"Abrir o extrato dos investimentos e ver que meu dinheiro está crescendo. Que maravilha ganhar dinheiro assim, não é?"

"Comprar aquela joia, sapato incrível ou 'bolsa-joia' à vista e dar aquele sorriso de sonho conquistado."

"Saber exatamente o quanto tem de dinheiro na minha conta, de verdade. Viver a realidade, e não ficar achando que tenho x e na verdade tenho y. E, a partir daí, fazer planos e escolhas."

"A sensação de estar no controle! E de saber que depende só de mim ter o presente e o futuro que quero."

"O poder de usar minha verba-prêmio para melhorar a minha casa, o lugar onde eu mais gosto de estar."

"Olhar para o meu dinheiro muito de perto e pensar bem sobre como gastá-lo. Faz toda a diferença!"

"Tenho feito escolhas mais conscientes. Minhas decisões se baseiam no que me satisfaz e é importante no momento. Outro ponto é que comecei a planejar meu futuro. Essa atitude me traz muita satisfação e segurança."

"Traçar planos e acompanhar o processo de conquista da meta é algo muito prazeroso."

Agora é com a gente. Pronta?

PACIÊNCIA PARA VER A MUDANÇA,
CORAGEM PARA SER A MUDANÇA. – Fabio Maca

QUATRO MULHERES

CONHEÇA RAFAELA, A MULHER DO DINHEIRO CONTADINHO

Rafaela trabalha fora de casa, é uma profissional bem-sucedida e tem orgulho de suas conquistas na carreira – entre elas, o salário. Se você perguntar quanto ela ganha, nossa amiga talvez não se incomode de revelar: R$ 5.000,00 por mês. E os problemas já começam nesse número. Embora no holerite esteja escrito "R$ 5.000,00", 27,5% desse valor ficam retidos na fonte, a título de imposto de renda. Tem outros descontos, inclusive o plano de saúde da família, pago parte por ela, parte pela empresa. Na mão, na mão mesmo, sobram pouco mais de R$ 3.000,00. Mas Rafaela organiza suas despesas como se tivesse R$ 5.000,00, o que provoca uma grande frustração todo mês. Em tese, Rafa está em ascensão na pirâmide de renda dos brasileiros; não deveria estar se sentindo vitoriosa? Deveria e poderia, porém não está.

Vamos olhar um pouquinho mais de perto a vida da Rafa e entender melhor por que se sente tão frustrada. Ela leva uma vida confortável. Não está espremida no apartamento onde mora, mas... bem que gostaria de se mudar para outro um pouco maior ou, quem sabe, mais bem localizado. Dirige um carro econômico, que ela comprou zero há alguns anos e continua em bom estado, mas... adoraria ter um novo. Rafa tem sonhos, meio vagos, e não se programa para realizá-los. É casada e seu marido, João, trabalha muito, como ela; é ele quem garante o pagamento das contas grandes da casa e guarda dinheiro para o futuro da família. O casal tem duas crianças pequenas. Antes dos filhos, Rafa e João faziam altas viagens pelo Brasil e já tinham até conhecido a Disney. Eles adoram viajar. Com os filhos, porém, esse prazer ficou muito mais caro; o velho planejamento que funcionava tão bem no passado caiu por terra. De vez em quando, ela até consegue poupar um pouquinho para a próxima viagem, mas sem nenhuma regularidade. Quando planeja seus gastos do ano, tenta se lembrar de que em janeiro e julho todos terão uns dias de folga (e será preciso prover alguma quantia para isso), mas o dinheiro é tão contadinho, mas tão contadinho, que não sobra. Da mesma forma, ela sabe que no começo do ano tem IPVA, mas raramente consegue se organizar para quitar à vista, com desconto, e acaba parcelando. O sentimento de Rafa é o seguinte: ela trabalha, trabalha, mas para onde vai o dinheiro? Por que, embora não ganhe mal, nunca sobra?

Olhando ainda mais de perto, fica claro que há muitos gastos sem qualidade na vida da Rafa. Ok, ela paga algumas despesas da casa, e o fato de usufruir de uma renda fixa, infalível, que entra na conta do banco todo dia 5, permite que tenha uma espécie de cálculo mental pronto. Sabe quanto vai sair logo de cara. Sabe que, do que sobrar, vai comprar roupas para as crianças, que perdem calça e sapato todo dia (ou pelo menos parece!); entre João e ela, vigora um combinado informal de que esse gasto é da mulher. Tem algumas compras parceladas no cartão, mas a situação está sob controle: tudo cabe no salário do mês. Muitas despesas aparentemente inocentes também sobram para ela. Um exemplo: os presentes de aniversário dos amiguinhos das crianças. Como trabalha das 8h às 19h, Rafa não se organiza e acaba improvisando no shopping, na hora do almoço. Claro que é um presente caro, e quase sempre sem graça. Aliás, por falar em filhos, nessa fugidinha até o shopping para comprar o tal presente ela sempre leva alguma lembrancinha para as crianças. Pensa assim: "Bom, eu não estarei em casa no período da tarde, mas pelo menos vão brincar com esse joguinho que eu comprei." Outro dia, marca almoço com as amigas e uma delas escolhe um restaurante acima do padrão de gasto das outras; nenhuma protesta, e lá se vai mais um pouco da "verba de felicidade" da Rafaela, aquele dinheiro que, se sobrasse, poderia afastar um pouco a sensação ruim de que todo o esforço profissional dela não vira prosperidade.

Você pode perguntar: a Rafa não tem dívidas? Não. Ela foge do endividamento por uma questão de princípios. Na cabeça, dela, endividar-se é igual a trair o marido: um caminho sem volta. Ela não quer fazer parte do grupo que trai, e sim do que segura a onda, na alegria e na tristeza.

De vez em quando, Rafa recebe um bônus no trabalho; uma vez, seu bom desempenho lhe rendeu quase um salário extra! Claro que ela ficou feliz, mas, como não tem metas e seus sonhos são difusos, não soube o que fazer com o dinheiro. Gasta uma parte e poupa o resto? Sabe que deveria poupar e, de certa forma, é amiga do dinheiro. Sabe que ele está ali, é ligada no que acontece com ele; às vezes fica mais displicente na relação, depois retoma com intensidade, mas a verdade é que não tem planos para esse amigo nem sabe como alimentar a relação em longo prazo. Na dúvida, ela procura o personagem que, acredita, pode ajudar nesse relacionamento: o gerente de banco. Depois de ouvir tudo o que ele tem a dizer, Rafa acaba colocando o dinheiro na poupança mesmo. Ela não se sente totalmente segura para fazer o que o gerente sugere.

Rafa gostaria que fosse diferente com seus filhos. Mas, se ela própria não dá conta da vida financeira, como orientá-los? Uma amiga comentou que costuma dar mesada ao filho mais velho. Duda refletiu: será que isso é bom? Será que a mesada vai ensiná-lo a lidar com o dinheiro ou, ao contrário, dará impressão de que é uma coisa fácil de ter? Na vida não é assim, não cai do céu. Ao mesmo tempo, se o garoto jamais tiver dinheiro na mão, como vai aprender a usá-lo bem? Rafa não chegou a nenhuma conclusão sobre o assunto. E segue incomodada por não se sentir tranquila financeiramente, apesar do salário, do apartamento ok, do carro na garagem e da vida confortável.

O QUE RAFAELA DEVERIA FAZER

Dedicar mais tempo e atenção ao seu orçamento. A gente sabe que o dia da Rafa tem muitas jornadas: atender às demandas do chefe, pilotar a casa, educar as crianças, mimar o marido, cuidar de si mesma. Apesar disso, *vai ter que marcar uma reunião com ela mesma* uma vez por semana para se debruçar sobre o equilíbrio entre receita e despesas. No começo, provavelmente vai achar chato, mas, com o tempo, prometo que acabará curtindo. Essa reunião é daquelas que não se pode desmarcar: equivale ao curso de idiomas, só que é ainda mais importante, porque, no fundo, é do futuro que se trata. Lembra? Expectativa média da brasileira: 78,3 anos (não se esqueça de que essa é uma média; pense em até que idade suas avós viveram ou felizmente ainda vivem). Nunca é cedo demais para pensarmos na velhinha que queremos ser.

Começar a pensar seriamente nos sonhos de médio e longo prazo e informar-se sobre o quanto custarão. Rafa vai ter que levantar todos os detalhes financeiros possíveis para realizar esses sonhos e definir uma estratégia para concretizá-los. A vida é mesmo corrida; então, se ela não disser para si mesma, com a maior convicção, que conseguirá comprar um imóvel num bairro mais bem localizado, ela nunca comprará.

Investir em gastos de qualidade. Isso significa comprar bens que tiverem valor agregado em vez de uma porção de pequenas coisas que não vão durar muito nem deixá-la feliz por muito tempo. Vou dar um exemplo concreto: Rafa precisava de um casaco novo e viu numa loja um que vestia bem e tinha bom caimento. Custava mais do que ela pretendia gastar, então se contentou em comprar uma peça mais ou menos que viu no shopping na hora do almoço. Quando chegou a fatura do cartão de crédito, Rafa pensou: "Ah, é aquele casaco cinza", sem exclamação, sem alegria; é só uma linha nas despesas do cartão, nada memorável. Aposto que, se Rafa tivesse comprado o casaco que queria tanto, olharia para aquela despesa de outro jeito! Sem falar que o casaco mais caro, porém de melhor qualidade, certamente seria usado em vários invernos, enquanto o outro ficou cheio de bolinhas logo no primeiro passeio, obrigando-a a descartá-lo antes do planejado e gerando um novo gasto... (Vou contar um segredo: Rafa, como muitas mulheres, põe a fatura do cartão no débito automático e nem olha o que está pagando. Quando pedem minha ajuda como consultora, faz parte do "tratamento" recomendar a elas que examinem a fatura e se lembrem de cada compra. Algumas até choram de arrependimento. E passam a refletir mais criteriosamente sobre suas aquisições – um ótimo efeito colateral.) Por outro lado, é comum que esses gastos sem qualidade aos quais me refiro também estejam ligados a uma certa desorganização em relação ao tempo, como costuma ocorrer no caso dos presentes de aniversário, verdadeiros devoradores de orçamento! Tempo e dinheiro andam juntos. Imagine que a Rafa poderia, por exemplo, separar 100 reais por mês contando com quatro festas de criança. Ela poderia informar-se previamente sobre uma loja interessante, com preços razoáveis, e comprar os quatro presentes de uma só vez, certo? O problema é que isso pede: 1) a tal pesquisa antecipada; 2) planejamento para o tempo necessário ao cumprimento da missão; e 3) alguma criatividade. Estou totalmente convencida de que esse esforço vale a pena. Falta convencer a Rafa.

A PEDRA NO CAMINHO DA RAFAELA

Vou contar qual será a maior dificuldade da Rafa para alcançar as metas que propus e acelerar rumo à tão desejada prosperidade: ela terá que abrir mão do nível de consumo a que está acostumada. Precisará refletir por alguns minutos antes de sair para as compras, até decidir com clareza o que irá fazer na rua. Isso significa uma mudança de hábito e tanto. Na prática, ela vai passar o cartão de crédito bem menos vezes. Em vez de vinte linhas, a fatura do cartão terá, digamos, oito, mas serão linhas mais prazerosas de ler no final. Vamos supor que a "verba de felicidade" (aquele dinheiro que sobra para ela, depois de pagar todas as contas sob sua responsabilidade) da Rafa seja de 400 reais. Ela poderá gastar essa quantia de um jeito muito mais satisfatório.

PALMAS PARA A RAFAELA!

Chegou a hora de ser justa e fazer um grande elogio: para um organizador financeiro, a Rafaela é quase o melhor perfil que se pode encontrar (claro, entre os que ainda não ajustaram suas finanças). Ela está no topo da pirâmide da organização financeira, ou seja, quase lá. Com pequenos ajustes, conseguirá se tornar mais amiga de seu dinheiro, compreenderá o valor real do trabalho na sua vida e poderá voltar a viajar – até com as crianças! Ela tem muitos motivos para se sentir vitoriosa, embora nem sempre consiga enxergá-los.

AS QUASE RAFAELAS

Como expliquei antes, a Rafaela agrega traços de centenas de mulheres com as quais colaborei no ajuste das finanças pessoais. Já conheci Rafaelas que ganhavam 3 mil, outras que ganhavam 50 mil – na ponta do lápis, não faz diferença, porque conheço pouquíssimas pessoas que vivem abaixo do padrão de vida que seu dinheiro pode lhe proporcionar. Para todas, independentemente dos ganhos, o dinheiro era sempre contadinho. Havia Rafas separadas e solteiras, com ou sem filhos – as fontes de gastos variavam, mas a questão da falta de qualidade é recorrente. Pense nas Rafas que você conhece e em como este livro pode ajudá-las. Se você se sentiu um pouco Rafa... chegou ao livro certo.

MUITO PRAZER: ESTA É ALLEGRA, A PJ FELIZ

Ela saiu da faculdade direto para uma grande corporação, sem escalas. Sabe aquela colega que já começa a se dar bem antes mesmo do diploma? É ela. Altamente consciente das próprias habilidades e do que tem para entregar ao mercado, Allegra entrou vibrante na vida corporativa, mas logo se deu conta de que aquele mundo não era para ela. Entendeu que tinha um produto único – um mix bem particular de competência e criatividade –, e que, quando brifada pelo chefes, sempre ficava aquém do que podia oferecer. Pensou assim: "O mercado vai entender melhor a paixão com que exerço meu trabalho. Vou ganhar muito dinheiro com isso, e a empresa só me amarra."

Mesmo sendo solteira, sem filhos e morando com os pais, Allegra não jogou tudo para o alto. Primeiro, para testar não apenas o mercado, mas a própria capacidade de se vender, ela começou uma espécie de "night job": vendia por fora o trabalho que realmente estava interessada em realizar quando deixasse a corporação – um serviço. O chefe sabia e apoiava, já que não havia conflito com as questões da companhia. Foram vários meses de "night job" até ela ter certeza de que tinha encontrado um bom caminho. Esse trabalho paralelo trazia muito mais satisfação e retorno. Dinheiro? Ainda menos do que no emprego, mas ela não se dedicava ao "night job" em período integral, certo? Junto com o frio na barriga, aos poucos vinha a certeza de que ela poderia, sim, sobreviver dessa nova ocupação. Sua personalidade inovadora e antenada, a própria competência – tudo isso motivava Allegra a pedir demissão. Seus chefes até ofereceram promoções, mas ficava cada vez mais evidente que seu caminho não estava na empresa.

Outro fator que pesou na balança foi o fato de Allegra se sentir sufocada pelas demandas da vida corporativa: a ausência de fronteiras entre trabalho e lazer (o celular fornecido pela empresa tocava sexta à noite, em plena balada, por motivo de trabalho); as longas jornadas que roubavam tempo das atividades que ela amava, como a academia ou a happy hour com os amigos... nem ao trabalho voluntário ela conseguia se dedicar. Aos 20 e muitos anos, Allegra sonhava com uma vida mais equilibrada. Contabilizou suas reservas e descobriu que tinha o bastante para viver bem por alguns meses – tempo suficiente para sua nova empresa engrenar. Estava disposta a encarar uma vida mais enxuta, sem tantos gastos, para esse dinheiro esticar ao máximo. Confiante, despediu-se dos chefes e colegas e se jogou. Virou PJ (pessoa jurídica). Não qualquer PJ. Uma PJ Feliz.

Allegra continua feliz como PJ, mas descobriu que essa vida também tem dificuldades. Estranha a sazonalidade: em alguns meses, está atolada de trabalho e vara madrugadas para dar conta de todos os relatórios; então, passa duas semanas praticamente sem demandas. Em seu planejamento, não contou que isso pesasse tanto. Está conseguindo se vender bem e ganhando um bom dinheiro em alguns meses, algum dinheiro em outros e nenhum tostão vez ou outra. Ela tem a segurança de que tudo vai dar certo, jamais deixa de se divulgar no mercado e novos clientes contratam seus serviços a cada rodada de prospecções. Mas sente que precisa ter mais controle sobre o negócio. Outro ponto fraco é a instabilidade de pagamento dos contratantes. Tem gente que paga em dia, mas outros pedem prorrogações inesperadas e danosas à saúde do negócio recém-nascido. Cai a ficha de que precisará calcular melhor as entradas e saídas de dinheiro e montar um planejamento financeiro mais sólido do que tinha até então.

Esse cenário novo e inesperado começa a ter impacto na vida pessoal de Allegra: como não sabe quanto tem para receber, não consegue calcular se dá para fazer aquele novo curso de especialização com que anda sonhando. As finanças pessoais e as da empresa estão completamente misturadas, num verdadeiro bololô. Ela vê um risco real de perder a tranquilidade que julgava ter conquistado quando fez a transição de CLT (funcionária com registro em carteira de trabalho) para PJ. E, se não consegue se organizar no presente, imagina no futuro! Allegra leu um milhão de reportagens sobre a necessidade de começar já a pensar na aposentadoria, mas não consegue nem dar conta do mês. Está tudo um pouco bagunçado, ela admite para si mesma, com alguma dor no coração e uma vontadinha, que ela não confessa para ninguém, de voltar para o mundo corporativo, do salário com data marcada. As reservas vão minguando. Tem acontecido de ela comprar algo contando com certo pagamento... e o crédito da empresa tal não entrar na data combinada. Se tivesse que resumir sua situação, ela se descreveria numa montanha-russa: é muito boa no que faz e o cliente remunera bem suas habilidades

– ações que ela realiza com tanta facilidade, mas estão em falta no mercado –, de forma que às vezes se sente prosperando; outras vezes, porém, tem que assaltar a poupança para as despesas do mês. Ainda assim, ela não se endivida, porque é empreendedora e consegue prospectar novos clientes o tempo todo; nas reuniões, transmite segurança e competência. Mas sabe que, de preferência mais cedo do que mais tarde, terá que organizar suas finanças.

O QUE ALLEGRA DEVERIA FAZER

Entender de verdade qual é a sua capacidade, em detalhes, anotando tudo no papel (não vale de cabeça, um *business plan* mental). Ela precisa definir o tamanho de seu faturamento, calcular se ele corresponde à sua necessidade e lembrar que, se deseja tirar um mês de férias, só terá 11 meses para ganhar o que precisa. A receita cravada por ela tem que servir para o ano inteiro. Esse exercício só vai funcionar se Allegra souber qual é seu custo de vida mínimo. Se for de 3 mil reais, precisará garantir esse dinheiro em conta todo dia 30 para não atacar as reservas. Essa informação também permitirá que ela monte estratégias para faturar mais, abrindo caminho para o crescimento do negócio ou para novas frentes de trabalho.

Equilibrar prazer e rentabilidade. Certamente, dentro do seu leque de atividades, há coisas que Allegra gosta mais de fazer, mas pagam menos que outras, não tão interessantes, e vice-versa. Ela precisará ter clareza sobre quais são seus limites e quanto está disposta a ceder – mantendo, ao mesmo tempo, um olhar generoso para o mercado, que infelizmente não é bonzinho. Vale a pena abraçar um trabalho interessante numa cidade a 100 quilômetros de distância? O quanto isso interferiria na prospecção de novos clientes e no atendimento dos atuais? Se topar, o deslocamento tem que virar hora trabalhada e remunerada; o cliente está disposto a pagar?

Jamais misturar a conta do negócio com a de pessoa física. Isso significa estabelecer um salário: não importa se a empresa ganhou 5 mil ou 50 mil, Allegra viverá com 3 mil. Se vier mais, ótimo; vai para a reserva até que ela tenha estabilidade para se presentear com um bônus; se vier menos, ela terá que recorrer a suas reservas. Daí a importância de manter sempre algum dinheiro extra no "caixa" da empresa.

Pensar na aposentadoria. Vamos falar mais disso adiante, mas a verdade é que há um grande número de PJs Felizes como Allegra que podem se tornar velhinhas sem nenhuma aposentadoria lá na frente. Nós, as PJs, somos as únicas responsáveis pelas nossas provisões no futuro, pois nenhuma empresa está fazendo depósitos mensais em nosso nome para o INSS.

A PEDRA NO CAMINHO DE ALLEGRA

Entender que, a partir do momento em que trocou a carteira assinada pela vida de PJ Feliz, tornou-se uma *empresária*. Vai ter que emitir nota, ficar ligada na burocracia, conhecer impostos que são sopas de letras. Repito: Allegra não é uma artista, não é escritora, é empresária, e como tal vai ter que cuidar do planejamento financeiro e da estratégia da sua nova vida produtiva.

PALMAS PARA ALLEGRA!

As chances de que nossa PJ Feliz tenha uma vida financeira tranquila são enormes. Ela já percebeu que é um sucesso e que sua maior habilidade é rentável e bem-vista no mercado. Tem boas chances de ganhar todo o dinheiro que desejar, mas sabe qual é o meu palpite? Ela não vai querer ter muito dinheiro se isso consumir seu tempo de lazer. Prefere ficar no equilíbrio.

AS QUASE ALLEGRAS

Não custa relembrar que muitas mulheres compuseram esse retrato da Allegra. Havia muitas solteiras, mas também casadas, com filhos, que saíam da vida corporativa porque desejavam acompanhar de perto o crescimento dos pimpolhos. A maioria testou antes um "night job", sim, mas houve as que simplesmente se jogaram. A confusão entre finanças pessoais e da empresa, porém, e as dificuldades com sazonalidade e pagamento são comuns a todas. Muitas pedem socorro aos pais, que normalmente ajudam, a familiares, principalmente ao marido, que também estendem a mão ou recorrem à internet em busca de soluções. Mas a PJ Feliz, com sua personalidade inquieta e inovadora, logo acha muito chato se incumbir desse planejamento e abre mão dele. A maioria acaba tentando se vender mais em vez de se organizar melhor. Até acabam ganhando mais dinheiro, mas aquele equilíbrio que era a meta no começo da proposta... vai pelo ralo.

ESTA É VERIDIANA,
A ENDIVIDADA (MAS NÃO PARECE)

Se você olhasse para a Veridiana, pensaria: "Que mulher incrível!" E é mesmo. Batalhadora, ela iniciou seu pequeno negócio informal dentro de casa, sem nenhuma infraestrutura, para complementar o orçamento doméstico. Só que foi dando cada vez mais certo, a ponto de ela ter que convidar duas vizinhas que estavam sem trabalho para ajudá-la quando as encomendas começaram a se avolumar. Pouco mais de um ano depois, o empreendimento vai muito bem, e novo visual de Veridiana reflete seu momento promissor: está mais bonita, pois sobra mais dinheiro para cuidar de si mesma, permitindo-se roupas de corte mais elegante, cabeleireiras experts, produtos de beleza de melhor qualidade. As amigas admiram o corre-corre de entregas e imaginam que, em breve, ouvirão a grande notícia: Veri vai abrir as portas do seu negócio, formalizando-o, já que a precária infra que tem em casa não mais dá conta do grande volume de pedidos. Ela é a própria imagem da prosperidade. Só que não é.

Há alguns meses, Veridiana fechou uma encomenda bem grande e ficou felicíssima: seria um desafio à sua capacidade produtiva e um salto nos negócios, pois poria no bolso um lucro limpo de cerca de R$ 2.000,00. O acordo foi feito boca a boca, mas ela conhecia a pessoa e confiou que daria tudo certo. Inclusive recebeu uma parcela adiantada para selar o negócio. O problema é que, além de adquirir todo o necessário para processar o pedido, ela ainda resolveu se premiar pelo bom momento. Comprou roupas novas e ofereceu à família uma viagem de fim de semana para comemorar.

Tudo desmoronou quando o cliente cancelou o pedido na véspera. O próprio cliente não fez por mal, e sim porque também tivera um imprevisto, mas o fato é que Veridiana não dispunha de nenhuma proteção para uma situação como essa. Achou melhor não criar encrenca: não desejava romper com a pessoa, pois contava que a encomenda talvez pudesse vir em outro momento. O tal lucro tão festejado de R$ 2.000,00 virou um buraco nas contas do mês seguinte. Veridiana viu-se forçada a entrar no cheque especial e tomou a perigosa decisão de só pagar a parcela mínima do cartão de crédito. Em pouco tempo, viu-se totalmente alavancada. Atrapalhou-se com as contas dos meses subsequentes e esgotou o limite do cheque especial. O gerente do banco ofereceu-lhe um empréstimo pessoal e ela aceitou, agradecida. Não deu; novo empréstimo bancário, agora a taxas mais salgadas do que as anteriores. Bancos são assim: quem deve muito paga mais caro. Instituições financeiras, em geral, adoram emprestar dinheiro, mas lá pelo quarto empréstimo para a mesma pessoa percebem que ela perdeu o controle da vida financeira e pode *não* pagar a dívida. Então, cobram fortunas em juros! Veridiana até tentou renegociar alguma coisa, mas o gerente endureceu: ofereceu mais dinheiro, com prazo mais longo, parcela menor e juros inacreditáveis. Por mais desesperada que estivesse, algo fez com que ela se levantasse sem assinar mais uma promissória.

Veridiana não sabe sair dessa armadilha em que se meteu e não tem alternativa a não ser continuar tocando o barco. Pessoas como ela demoram a ser dar conta da gravidade do que está acontecendo. Alimentam o pensamento mágico de que alguma coisa vai dar certo no próximo mês; vão receber uma bolada, ganhar na megassena, fechar um negócio com comissões estratosféricas. Só que nada acontece.

Orgulhosa, ela não abre o jogo nem pede socorro. Embora esteja angustiada, não tem vergonha da dívida. Por um motivo muito simples: não acha que seja culpa dela. Na cabeça de Veridiana, a culpa é do cliente que cancelou tudo em cima da hora, e não dela própria, que gastou antes o lucro que não veio. Agora, porém, está pensando em buscar ajuda porque chegou a um extremo: um dos cartões (porque ela tem mais de um) suspendeu as compras. Ela quer entender o que deu errado. Está prestes a despencar do pedestal. Mas ninguém pode saber (ainda).

O QUE VERIDIANA DEVERIA FAZER

Parar tudo e olhar para seu orçamento. Ela terá que enxugar o máximo que puder e entender qual é a receita disponível para pagar dívidas. Em seguida vem a parte mais doída: listar todas as dívidas que tem, impiedosamente, comparar as taxas de juros que paga em cada uma e montar uma estratégia de negociação. É a hora de fechar a torneira mesmo, "consertando" todos os vazamentos. Convém examinar talões de cheque em busca de pré-datados soltos na praça, para a estratégia não furar.

Entender que não pode contar com o lucro antes de ele se consumar. Esse é um erro muito comum de quem vive na informalidade ou é PJ: confiando em que o dinheiro vai entrar, gasta antes – às vezes até para cobrir buracos passados ou reinvestir, mas sempre brincando com a sorte. Se algo dá errado, pode ser o start para o endividamento.

Entender que durante um tempo terá que dar um passo para trás em relação ao que conquistou. Claro que essa decisão tem um gosto amargo, mas Veridiana não deve se deixar abater por isso. Terá que se preparar para uma nova versão da própria vida por algum tempo, que não precisa ser a vida toda.

A PEDRA NO CAMINHO DE VERIDIANA

A maior dificuldade da mulher endividada consiste em entender que a culpa das dívidas não é do cliente que cancelou a entrega: é dela mesma, que consumiu o lucro antes da hora. E isso não é exclusividade das "Veridianas": quando se trata de finanças, é muito comum as pessoas culparem outros pelo descontrole. A cobrança de impostos desconhecidos, um boleto perdido que chega com multas depois de anos, uma cobrança por um imposto de renda malfeito. Para evitar ao máximo essas surpresas, temos que assumir que somos as únicas responsáveis pelo nosso dinheiro.

PALMAS PARA VERIDIANA!

A endividada é a mulher mais bem preparada para o resto de sua vida financeira. No processo de liquidação de suas dívidas, conhecerá todas as ferramentas e estratégias disponíveis no mercado para ter uma vida mais tranquila e, ao final, estará pronta para fazer dinheiro. Passado o terremoto, as ex-endividadas, em geral, passam a valorizar cada centavo; no primeiro mês sem aquele monte de parcelinhas no cartão, vão sobrar 1 mil reais, que elas guardarão com fervor (assim tem sido a minha história com essas mulheres valentes e sofridas). E dinheiro faz dinheiro! Elas me fazem lembrar um trecho de uma entrevista que vi certa vez com um dos membros do grupo de dançarinos e cantores *You Can Dance*, do Rio de Janeiro, famosos por atuar nos programas da Xuxa nos anos 1990. Um dos membros da trupe, pendurado em dívidas, não podia abrir mão de nenhum centavo. Um dia, deixou cair uma moedinha sob o balcão da padaria e agachou-se para pegar. O que havia lá? Um montão de outras moedinhas! Ele recolheu todas e desde então sempre deixa cair alguma para justificar a pescaria... Para esse homem, cada centavo é precioso.

AS QUASE VERIDIANAS

A forma como a dívida nasce é sempre muito parecida, bem como a necessidade angustiante de manter segredo. Minha abordagem para essas mulheres é sempre carinhosa e digna, porque tenho noção do inferno em que vivem. Costumo usar um argumento quase imbatível para convencê-las a entrar no "tratamento": lembro a elas que, a partir do momento em que decidirem resolver sua encrenca financeira, há um prazo máximo para que tudo esteja solucionado. Esse prazo corresponderá ao número máximo de parcelas na renegociação ou refinanciamento da dívida. Ou seja: sempre haverá uma data final para a endividada sair de cena e a mulher promissora que mora dentro dela voltar à vida. O simples fato de existir uma data para tudo acabar já traz alívio quando se trata de situações ruins. No caso específico da Veridiana, se o negócio continuar indo bem, ela poderá até adiantar as parcelas finais da negociação e abreviar o pagamento da dívida.

EDUARDA E SEUS DOIS DESAFIOS: O DIVÓRCIO E O DINHEIRO

Duda (as amigas a chamam assim) e Beto eram casados fazia pouco tempo quando ele recebeu uma proposta irresistível para trabalhar em outro estado. Ela vinha fazendo uma carreira interessante na organização onde trabalhava e ficou muito indecisa entre manter o casamento a (longa) distância ou largar tudo para acompanhá-lo. Não foi fácil, mas escolheu a segunda alternativa. Pediu demissão, organizou a mudança e lá se foram os dois para outro estado, distante dos amigos e do restante da família.

Alegre e sociável, Duda logo fez novos amigos. Os dois filhos nasceram na cidade que tinha acolhido tão bem o casal. Ela não voltou a trabalhar: decidiu ser supermãe, supervisionar cada passo da educação das crianças e cuidar do marido. Pela primeira vez, ela e Beto abriram uma conta conjunta. Duda passou a administrar o orçamento da casa e, embora sem renda própria, tinha certa noção do quanto podia gastar a cada mês. E não era pouco dinheiro: carismático e competente, Beto avançou na hierarquia da empresa, acumulando um bom salário (Duda nunca soube exatamente quanto), benefícios e bônus. A família vivia bem só com o dinheiro dele. Duda tinha um cartão de crédito e se presenteava às vezes com pequenos mimos. Quando exagerava, Beto a repreendia, mas logo faziam as pazes e ficava tudo bem. Duda não era perdulária, mas Beto nunca lhe disse claramente o quanto destinava às despesas pessoais da mulher.

Dez anos se passaram assim, até o dia em que o casamento acabou. Diante do juiz, Beto alegou falta de planos em comum. Como a iniciativa foi dele, Duda simplesmente deduziu que o amor tinha acabado. O final do relacionamento foi duro, mas justo: na divisão do patrimônio, cada um ficou com metade, e Duda permaneceu no apartamento com os dois filhos. O juiz, considerando que ela havia deixado a própria carreira para seguir o marido, concedeu-lhe 1 ano de pensão alimentícia para que ela tivesse tempo de conseguir um trabalho; a pensão para os filhos, paga à parte, era suficiente e se estenderia até os garotos terminarem a faculdade. Duda ficou encarregada de administrá-la.

A pensão só para ela está acabando, e Duda começa a perceber que precisa se organizar melhor financeiramente. No começo do ano, às voltas com despesas como IPVA do carro, IPTU do apartamento, material escolar e uniforme das crianças, sua provisão não foi suficiente, e ela "atacou" a parte da reserva do casal que lhe coube na divisão dos bens. Ficou preocupada: esse dinheiro é seu "colchão", está investido e ela sabe que, se acabar, não tem mais de onde tirar; porém, não encontrou outro jeito, já que não quer se endividar e ainda não tem renda própria. Está começando a enviar currículos e bater em portas do passado, mas, depois dos 40 anos, não é tão simples assim. Uma alternativa que considera é fazer trabalhos como freelancer na sua área de especialização.

Aos poucos, Duda vai superando as mágoas da separação e passa a se preocupar com seu sustento financeiro. A manutenção do apartamento onde ela mora com os meninos está cada vez mais cara e Duda está pensando em alternativas. Mudar de bairro? Alugar esse e ir para um menor? Já se desfez de um pequeno imóvel que só lhe dava despesas, usando o dinheiro para engordar as reservas, mas, inexperiente com questões burocráticas, só descobriu depois que precisava pagar imposto sobre o lucro imobiliário, e esse dinheiro, de novo, saiu das reservas que deveriam ser sagradas. Enxugou o padrão: viagens com os filhos, só para destinos bem próximos no Brasil; roupas novas, só depois de pensar muito e fazer contas. Ainda assim, os gastos a que renunciou são, de certa forma, periféricos.

Duda está se preparando para a maior batalha de sua vida: se virar sozinha, assumindo os filhos, e sair vitoriosa.

O QUE DUDA DEVERIA FAZER

Aprender a administrar a nova família agora que está sozinha. Isso exigirá um exercício de logística e também de controle emocional. Se voltar a trabalhar, terá que delegar a uma funcionária parte do cuidado com os filhos, que era tarefa dela. De onde virá o dinheiro para pagar essa pessoa? Por outro lado, também terá que lidar com a frustração de não estar com eles todo o tempo possível.

Usar com racionalidade seu dinheiro. Será preciso gastar na medida, sem privar os filhos do padrão a que se habituaram (afinal, a pensão foi calculada para permitir isso), porém sem exagerar nas benesses. Duda terá que lembrar que o dinheiro da reserva, supostamente, é a parte dela, e o da pensão é o que cabe aos filhos. Ela também terá que pagar contas. Vamos imaginar, por exemplo, que o apartamento onde a família mora custe R$ 800,00, entre pequenas contas fixas e condomínio. Se o casal tem dois filhos, a pensão cobrirá 2/3 desse valor, e o restante será pago por ela. Sem o amparo do marido, Duda poderá contar apenas consigo mesma.

A PEDRA NO CAMINHO DE DUDA

Duda pensava em se mudar para o interior depois da aposentadoria do marido, já que sempre criticou a vida na cidade grande. Agora – é duro dizer, mas necessário –, terá que refazer os projetos de futuro, buscando novos objetivos que ainda a façam feliz. Outro desafio será lidar com um padrão de vida descendente, em contraste com o *antes*, ao passo que o padrão do marido continuará subindo (pois ele estará sozinho para gastar o bônus...).

PALMAS PARA DUDA!

Passando a fase da fragilidade, mulheres recém-separadas que assumem o controle da própria vida – e de suas finanças – se revelam verdadeiras leoas. Não tenho nenhuma dúvida de que, com o tempo, Duda conseguirá administrar com maestria o dinheiro dos filhos e o próprio, libertando-se do ex e se tornando mais independente e interessante. No momento, está ainda um pouco debilitada; pense comigo: é como se tivessem tirado um pedaço dela! Mas ela vai segurar a onda! Será capaz de fazer os filhos felizes e ganhará toda a admiração deles, por seu caráter lutador e generoso. Não preciso ter bola de cristal para prever que, daqui a cinco anos, Duda e seus filhos estarão equilibrados e felizes. Cinco anos parece muito? Parece, eu sei, mas a verdade é que essa mulher só começará a administrar pra valer sua vida pessoal e financeira no mínimo 1 ano depois de consumada a separação. Sem pressa, tomando fôlego a cada passo, Duda vai resgatar a autoestima e a alegria e organizar seu fluxo financeiro.

AS QUASE DUDAS

Nem todas as mulheres saem tão confortavelmente de uma separação como a Duda, que reúne, como você a essa altura já sabe bem, traços de muitas clientes que conheci na minha vida de consultora. Mágoas e partilhas à parte, no entanto, elas sempre terão que refazer seus planos para o futuro e organizar a vida financeira de outra maneira, preparando-se para uma provável queda no padrão ou simplesmente o fim de uma ascensão que vinham experimentando. No entanto, todas são guerreiras, e os filhos (quando têm) são o impulso e a inspiração para uma sensacional volta por cima. Mesmo as sem filhos encontram novas motivações para redesenhar a própria vida sobre novas bases. Se você se identificou com a Duda, ânimo! Vai dar tudo certo no final.

PLANEJAMENTO

DE QUE SÃO FEITOS OS SONHOS

Desde que se conheceram, há muitos anos, Rafaela, Allegra, Veridiana e Eduarda falam sobre sonhos de consumo. Com o tempo, esses sonhos foram mudando, mas nunca deixaram de existir — e, para as quatro, funcionam como "cenouras", desafiando-as a superar seus limites para realizá-los.

— Tudo o que eu queria era uma especialização fora do país – suspira Allegra. — Tenho duas amigas, PJs como eu, que passam dois meses por ano trabalhando no exterior e só isso faz com que elas tenham novas ideias, detectem tendências, vejam gente bonita!

— E não dá para ir? – pergunta Duda. — Você disse que seu negócio está caminhando bem!

— E está – responde ela. — Mas eu ainda não consegui juntar os R$ 10.000,00 de que preciso. Se eu tivesse, poderia alugar um apartamento em Nova York, ver uns cursos. Pensando bem, talvez até preferisse Berlim, que é outra cidade inspiradora, antena das tendências europeias. É como Milão para o mundo da moda...

— Eu também queria viajar – confessa Duda. — Mas meu sonho hoje em dia é ficar em contato com a natureza, fazer trekkings, conhecer gente nova. Quem sabe a Chapada Diamantina? O problema é que não sei se posso gastar ou não... Tenho medo de faltar depois.

As amigas se entreolham: Duda, a mulher que ia todos os anos para resorts com a família? Agora ela pensa... na Chapada? Duda adivinha o que passa pela cabeça delas.

— Para mim, resort já era. Acho que cansei daqueles ambientes barulhentos!

As quatro caem na risada.

— Ultimamente ando sonhando com um jantar num restaurante bacana, aqui mesmo na cidade... — A afirmação é de Veridiana, e pega todas de surpresa.

— É só planejar e ir – retruca Allegra, para quem esse sonho não parece dos dez mais difíceis.

Rafaela escuta tudo quietinha. Não tem coragem de dizer, mas seu sonho de consumo no momento é bem mais simples e, ao mesmo tempo, quase irrealizável: ela quer ter tempo. Tempo para cuidar mais de si mesma, para curtir o marido e brincar com as crianças.

#flaviasimplifica

Você já ouviu a frase: "É mais feliz quem planeja a vida." Ela pode ser polêmica, mas tem muito de verdade, porque planejar faz com que nos dediquemos ao que é realmente importante pra nós. Na minha opinião, felicidade está ligada não só à realização do nosso sonho, mas também ao caminho escolhido, à dedicação, às renúncias por um motivo maior e, principalmente, à conquista do objetivo.

No mundo do dinheiro tudo isso se torna ainda mais evidente. Quando um sonho exige recursos financeiros para se concretizar, é preciso ter um plano, ou esse sonho pode ser abandonado. E, como disse Steve Jobs:

> CADA SONHO QUE VOCÊ DEIXA PRA TRÁS É UM PEDAÇO DO SEU FUTURO QUE DEIXA DE EXISTIR.

A questão do planejamento aparece logo no começo deste livro porque a realização de sonhos será a nossa grande aliada na busca por uma vida financeira organizada e próspera. Sonhos que se concretizam são o prêmio máximo por todo o nosso esforço.

Planejar com alguém é mais estimulante e promissor. Quando temos projetos em comum com outras pessoas, fica mais difícil abandoná-los pelo caminho, pois tem mais gente se esforçando ao nosso lado para que o desejo seja alcançado. Portanto, **faça planos de vida com seu marido, namorado, seus filhos, com uma amiga que planeja uma viagem.** Converse com a sua família, faça uma lista do que eles gostariam de ter, conhecer, dos lugares para onde gostariam de viajar. Haverá sonhos comuns, bem como outros que podem se revelar ótimas ideias novas.

Mas nunca deixe também de fazer planos com você mesma. Isso é essencial — e nós, mulheres, temos a tendência a colocar em primeiro lugar as expectativas dos outros.

Então, proponho um exercício: use a tabela a seguir para refletir sobre seus sonhos e vontades e tentar organizá-los. Vale tudo: sonhos que dispensam dinheiro ou, diferentemente, que exigirão investimento. Estime o custo de cada sonho. Nessa etapa, pode chutar, mas, depois que tiver apurado os valores reais, terá que voltar aqui e refazer o orçamento de cada item, ok? Pense numa data em que gostaria de realizá-los e calcule o número de parcelas necessárias para viabilizá-los, bem como o valor de cada uma. Também vale usar outros ganhos esporádicos para a realização deste sonho, como um bônus, um recebimento por um trabalho extra ou até mesmo parte do 13º.

Quais são seus sonhos?	Precisa de dinheiro? Quanto?	Quando você quer que se realizem?	Valor do sonho / número de meses que você tem para guardar*
Exemplo: trocar meu carro	R$ 10.000,00	Daqui a 12 meses	R$ 600,00 por mês e R$ 2.800,00 do 13º salário

* Se você for guardar pequenas parcelas até a data de realização do sonho, de quanto elas seriam?

A questão é que, na correria do dia a dia, nos deixamos envolver pela lista de tarefas a cumprir e damos pouca atenção ao que nos faria felizes e realizadas no futuro. Claro que é muito difícil saber o que queremos fazer ou conquistar ao longo da vida, mas acho relativamente fácil imaginar o que desejamos para os próximos cinco anos. E esses desejos sempre podem ser revistos a qualquer momento, certo?

Certa vez, uma cliente me disse que não tinha ideia do que queria para os próximos três anos. Então reformulei a pergunta: "Se o gênio da lâmpada aparecesse aqui na sua frente e concedesse três pedidos a você, o que pediria?" Ela respondeu depressa: "Um curso de um mês em Nova York, um carro novo e uma festa de 35 anos." Então perguntei a ela: "Por que um gênio poderia te dar tudo isso e você não?"

Ok. Mas como se faz?

Da mesma forma que aquela cliente do gênio, acredito que nossas quatro amigas poderão se beneficiar, e muito, dos juros compostos (lembra deles? Prometi que seria a única menção a economês neste livro, e vou cumprir).

Minha proposta é que você poupe parceladamente a quantia necessária para realizar seus planos mais queridos e conte com a ajuda desse aliado.

Juro composto é o regime de investimento de capital mais comum no sistema financeiro. Significa que os juros gerados a cada período são incorporados ao capital principal para o cálculo dos juros do período seguinte. Exemplo: se você aplicar R$ 1.000,00 num fundo com rendimento líquido de 0,7%, um valor plausível no atual momento da economia, daqui a um mês terá R$ 1.007,00. Os juros do próximo mês serão calculados sobre os R$ 1.000,00 + R$ 7,00, e chegarão a R$ 1.014,00. Você está pensando: só isso? Mas em cinco anos os R$ 1.000,00 que você investiu totalizarão aproximadamente R$ 1.520,00.

Não é incrível? Você não precisou fazer nada e está ganhando dinheiro. Só precisou aplicar algum recurso. Eu chamo isso de #ganhodinheiroenquantodurmo.

E o que isso tem a ver com o seu planejamento? Vou explicar: se o seu sonho é um bem ou serviço, você não precisará dispor do valor total daquele bem, pois o juro composto irá ajudar nesse trabalho. Graças a ele, das duas uma: ou você antecipa a realização do seu desejo ou precisa poupar menos a cada mês. Veja como a vida ficaria mais fácil no exemplo que dei anteriormente, da troca do carro:

Se eu aplicar as parcelas (a 0,7% ao mês)
12 parcelas de R$ 600,00 e R$ 2.560,00 do 13º salário

Plano de ação para Allegra. Vamos botar os juros compostos para trabalhar para a PJ Feliz Allegra. Ela precisa de R$ 10.000,00 para a especialização fora do país.

Vamos imaginar que decida fazer a viagem daqui a 12 meses. Sem os juros compostos, ela teria que guardar R$ 834,00 reais por mês, certo? (R$ 10.000,00/12 meses). Porém, se poupar essa quantia, o saldo será maior graças a esses juros sobre juros:* ao final do período, Allegra terá R$ 10.402,00. Olhe só o doce problema que se coloca para ela:

- Viaja com mais dinheiro no bolso?
- Calcula previamente os juros compostos e, em vez de guardar R$ 834,00 por mês, poupa R$ 802,00?

◆

Plano de ação para Eduarda. O primeiro passo será orçar detalhadamente a viagem que deseja fazer à Chapada para entender em quanto isso descapitalizaria suas reservas. Então, terá que preparar um plano de ação; uma ideia é avaliar a rentabilidade anual de sua reserva e separar (se for suficiente) apenas o que o dinheiro renderá para essa finalidade; nesse caso, não será preciso "atacar" o principal. Duda precisa ter em mente, porém, que é possível que esse saque não cubra todos os custos da viagem, sem falar que terá consumido um rendimento importante para ter uma aposentadoria tranquila. Um bom começo é criar o saudável hábito de ler o extrato de investimento que o banco envia todo mês e saber quanto o dinheiro que possui é capaz de crescer por ano. Ela poderá usar como base o rendimento do ano anterior. Ok, rendimento passado não é garantia de rendimento futuro (pode ser um pouco mais ou um pouco menos), mas ao menos dará uma ideia.

---

* Para esse exemplo, usamos taxa de juros média de 0,7% ao mês.

Os juros compostos também podem ajudar se Duda resolver dividir o total da viagem em parcelas, considerando também o período em que deseja viajar, e esforçar-se para incluí-las no orçamento mensal, enxugando algum gasto. Se ainda assim não der, o jeito é buscar um trabalho alternativo que pague essa viagem. Essa providência teria o ótimo efeito colateral de atiçar nela o desejo de voltar ao mercado de trabalho.

◆

Veridiana ainda não tem um plano de ação. Nem pode ter: primeiro, terá que se organizar para sair da dívida, o que já vai exigir muito. Depois vai sobrar dinheiro para quantos jantares ela quiser em restaurantes elegantes da cidade.

◆

Plano de ação para Rafaela. Olho com enorme empatia para o sonho da Rafa de ter mais tempo e consigo enxergar uma conexão forte com o mundo do dinheiro – tempo e dinheiro andam juntos, lembra? Minha recomendação para ela é que examine o que faz com as horas do seu dia com o mesmo cuidado com que analisa seu orçamento contadinho. E encontre suas prioridades. Para ajudar a Rafa, e todas as mulheres que vivem esse dilema, convidei Ale Sanchez,* uma amiga que trabalha com coaching de vida e carreira – ou seja, ela não pensa só no lado

---

* Ale Sanchez é especialista em Coaching de Vida e Carreira, credenciada internacionalmente pela ICF (International Coach Federation). Ela acredita que uma sociedade melhor depende de indivíduos mais conscientes, plenos e felizes e trabalha para isso ajudando as pessoas a tomarem posse de sua identidade e a serem a cada dia mais

profissional, e sim na harmonia entre todos os aspectos da vida – para escrever sobre a roda da vida, um instrumento poderoso para nos ajudar a encontrar caminhos.

A RODA DA VIDA

Esse é um conceito que ajuda a ilustrar o momento pelo qual a Rafaela está passando. Essa sensação de falta de tempo é um sintoma muito comum quando não damos atenção equilibrada a todas as dimensões essenciais da vida.

Assim como um equilibrista de pratos precisa distribuir bem a energia e a atenção que ele coloca em cada vareta, sob o risco de todos os pratos quebrarem no chão, em nossas vidas também temos que cuidar das dimensões essenciais e nutri-las para que possamos seguir em frente com mais disposição e menos esforço.

Existem dez dimensões essenciais: relacionamento íntimo, relacionamento familiar, relacionamento social, financeira, física, espiritual, emocional, intelectual, profissional e de lazer. Quanto mais satisfeitas estamos com cada uma dessas esferas, mais qualidade de vida vamos experimentar.

Quando deixamos de dar atenção suficiente a uma dessas dimensões ou a negligenciamos por um longo período de tempo, o desequilíbrio se instala e a conta chega para quitarmos a dívida. Um exemplo de como essas dívidas podem se manifestar são aqueles casos de pessoas altamente bem-sucedidas profissionalmente que sofrem um enfarte aos 40 anos de idade. Ou gente com muito dinheiro e uma vida afetiva e social

---

fiéis a si mesmas. Essa versão da roda da vida foi publicada mediante autorização do Integrated Coaching Institute® (ICI).

completamente vazia e solitária, que abusa de compras, comida ou álcool. Ou ainda o executivo workaholic que mal percebe que a família arrumou as malas e foi embora, pois foi incapaz de construir vínculos sólidos.

Quanto mais cedo tivermos consciência dessas dimensões que compõem a nossa roda da vida, mais cedo aprenderemos a nos planejar de forma a manter nossa roda "redondinha", ajudando-nos a atingir nossos objetivos e nos apoiando pelos desafios da vida.

Importante ressaltar que, quando pensamos nessas dez dimensões, dar uma atenção equilibrada não significa dedicar exatamente o mesmo número de horas a cada uma delas. Uma pessoa pode estar completamente satisfeita separando 3 horas por semana para a dimensão física, por exemplo, enquanto outra só se sente bem se dedicar 2 horas por dia. Ou aquela mãe que está plenamente em paz e satisfeita sem nunca levar os filhos à escola nem pegá-los na saída, enquanto outra sofre por não conseguir buscar às quintas-feiras. Tive uma cliente cuja vida era casa-trabalho-casa e, apesar de estar pouco satisfeita com algumas dimensões, na esfera de relacionamentos sociais ela se deu nota 9, pois de fato não sentia a menor falta de ter amigos ou uma vida agitada, pautada por eventos sociais.

O segredo então não tem a ver com quantidade — ter ou não ter —, e sim com o quanto você está feliz com a forma como está vivendo cada dimensão hoje!

Sugiro que a Rafa e as mulheres que se identificarem com ela preencham a roda da vida na página seguinte e pensem sobre isso antes de começar a definir com mais clareza suas prioridades.

Numa escala de satisfação de 0 a 10, quanto você está satisfeita com cada dimensão da sua vida, atualmente? Procure deixar vir a resposta mais espontânea e pinte sua roda de dentro para fora, de forma que você obtenha um efeito visual de como a sua roda está girando.

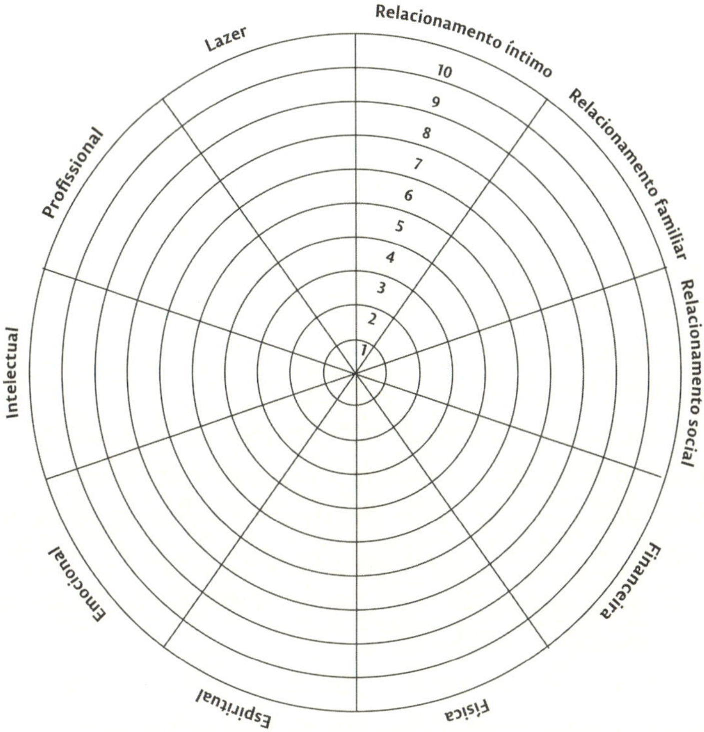

Observe o desenho acima, agora preenchido por você. Se essa fosse a roda do seu carro, quanto esforço estaria sendo necessário para viajar de São Paulo ao Rio de Janeiro, por exemplo? Seria um pneu calibrado ou descalibrado? O mesmo acontece com nossas vidas. Quanto mais desequilibrada nossa roda da vida, mais esforço precisamos fazer todos os dias para sair da cama e dar conta do nosso dia a dia.

No entanto, quando cultivamos essas dimensões em equilíbrio, nossa vida flui com mais disposição, criatividade e alegria em direção aos nossos objetivos.

Logicamente a vida é feita de desafios, com momentos de equilíbrio e desequilíbrio, e não podemos ter a ilusão de achar que é possível manter uma roda da vida totalmente equilibrada, o tempo todo, no grau máximo de satisfação. Sempre haverá alguma dimensão exigindo um pouco mais de empenho e atenção do que outras em determinado período. A boa notícia é que, depois que aprendemos a cultivar a roda e a cuidar bem dela, podemos ter a confiança de que, no momento que formos desafiadas em alguma dimensão específica, as outras estarão lá, com saldo de sobra para nos apoiar. Saldo suficiente até para que possamos negligenciar temporariamente uma ou outra.

Quer exemplos?

Uma crise na carreira e um cônjuge amoroso ao lado nos apoiando emocionalmente. Um problema financeiro e saúde e criatividade de sobra para empreender novos projetos. Um problema de saúde, porém família e amigos por perto. Uma carreira que você ama pode tornar menos penoso o período mais difícil da sua vida.

Vale a pena, não vale? Então, agora que você já reconheceu seu cenário atual, é hora de escolher três dimensões que deseja priorizar nesse momento da sua vida e começar a definir metas. Para cada dimensão, sugiro as seguintes perguntas:

— O que você deseja experimentar, em termos de sensações, nessa dimensão de vida?

....

....

— Qual seu objetivo para os próximos três meses?

....

....

— Quais comportamentos poderiam ser incluídos no seu dia a dia para caminhar em direção a esse objetivo? E quais comportamentos precisam ser evitados ou eliminados por completo?

....

....

— Quem poderá apoiar você nesse processo?

....

....

— Quais os próximos passos? Defina ao menos três passos para os próximos dias e coloque-os na agenda. "Tarefa agendada é tarefa feita!"

....

....

Com metas claras, será mais fácil a Rafa identificar o que realmente é importante para ela. Ter objetivos também ajudará a perceber os ladrões do tempo — todas aquelas atividades que não nos aproximam ou até nos distanciam de nossas metas. Ficar atenta e listar os ladrões do tempo ajudará a criar um plano de ação para eliminá-los. Algumas soluções para administrar melhor o uso do tempo podem ser: aprender a dizer não; definir horário para navegar na internet e no Facebook; definir dois ou três momentos do dia para responder e-mails; agendar reuniões com pauta definida e horário de término; planejar a semana com antecedência e reler as metas diariamente para manter o foco.

Rafa precisa se lembrar de que é dona do seu tempo! Tudo o que viver será fruto de suas escolhas, de suas decisões diárias, de suas ações! E, como já dizia o escritor alemão Johann Goethe (1749-1832), "as coisas mais importantes jamais devem estar à mercê das coisas menos importantes".

EU QUERO, EU POSSO!

Se você planejar a realização do sonho, poderá pagá-lo à vista, muitas vezes com desconto, beneficiando-se ainda mais da situação de estar no controle das próprias finanças. Nos meus cursos, porém, quando digo que todos somos capazes de comprar à vista, sempre ouço um coro: "Ahhh, impossível!" Então proponho um exercício muito simples: que cada um escolha algum objeto de desejo no shopping, uma bolsa, um sapato, vale qualquer item de desejo que não compraria à vista. Minha proposta é que as pessoas guardem uma parte do valor por mês – aplicado, claro – e, quando tiverem o total, voltem ao shopping para comprar aquele bem, ou algo semelhante, se aquela bolsa ou sapato já tiver saído da vitrine para dar lugar à coleção nova. Pronto, acabo de provar que são capazes de comprar à vista. Algumas correm lá e levam o troféu para casa, mas muitas me dizem que ficaram tão felizes em poupar que não quiseram gastar; preferiram continuar guardando. Entenderam que o prazer de investir pode ser tão bom quanto o prazer de consumir.

EMPENHO E RECOMPENSA

Poupar antes de comprar é usar os juros a seu favor e não contra você – como quando você pega dinheiro emprestado do banco, por exemplo. Quando você começa a implementar esse hábito na sua vida financeira, pode até ser um pouco dolorido no começo, mas com a primeira compra você já sente o prazer da conquista e entende que o esforço tem recompensa. Esse prêmio vem não só na forma do bem adquirido, mas também na parcela do dinheiro que você não usou porque obteve desconto à vista ou porque os juros compostos ajudaram.

O mesmo raciocínio vale para situações em que não há juros envolvidos, mas o dinheiro parece escorrer entre os nossos dedos. Pense, por exemplo, em quantas vezes você já topou a proposta de uma amiga porque parecia boa para você, como uma viagem de fim de semana para a praia que custou R$ 400,00. Se você fizer quatro pequenos passeios como esse ao longo de um ano, pode não sobrar dinheiro para conhecer aquele lugar novo que você tanto quer visitar ou fazer aquele curso que dará um novo impulso à sua carreira.

Trabalhar por seus planos é isso. É focar seus esforços no que realmente é importante pra você em detrimento de coisas que podem até ser bacanas, mas não são as suas prioridades.

Alcance seus planos e seja mais feliz.

PADRÃO DE VIDA

O QUE É SER RICA PARA VOCÊ?

Naquela terça-feira, Rafaela acordou sentindo-se rica: tinha conseguido uma folga absolutamente inesperada no trabalho. Convidou suas três melhores amigas para um daqueles almoços que poderia se estender até 16h. Allegra, que é dona do seu tempo, reorganizou a agenda e encaixou sem dificuldades a tarde feliz. Veridiana atrasou a reunião que teria à tarde e Eduarda estava livre. Marcaram num pequeno restaurante muito agradável e estavam animadíssimas com o reencontro fora do habitual.

— Rafa, de onde apareceu essa folga? O que aconteceu? – quis saber Allegra.

Rafa estava rindo à toa.

— Semana passada, minha área de negócios entregou um projeto importante que obrigou todo mundo a trabalhar muitas horas extras. O chefe quis recompensar o esforço da equipe. Hoje estou me sentindo rica de verdade, com uma tarde inteira só para mim!

Allegra suspirou.

— Isso é ser rica para você? Para mim, ser rica é outra coisa. — Pensou um pouquinho. — Para mim, riqueza é ter R$ 100.000,00 no banco para investir na minha empresa. Mas tinha que ser dinheiro de presente, talvez do meu pai, e eu não precisaria devolver de jeito nenhum!

O significado de ser rica vira motivo de especulação entre as amigas. Eduarda, calejada pela separação, lembra que prover todas as necessidades dos filhos sem precisar do ex seria um sonho "de riqueza" realizado. As amigas discordam:

— Não seria justo com ele nem com você, Duda! Ele é o pai das crianças, tem que contribuir! – protesta Rafa.

— Ah, mas eu me sentiria muito rica e poderosa! — Duda se descontrai e o assunto morre.

Veridiana ficou calada. Ela não quer contar a ninguém, mas sabe que se sentirá rica, muito rica, quando tiver quitado todas as suas dívidas. Será que isso vai acontecer um dia?

#flaviasimplifica

Aposto que está pensando no que faria você se sentir rica. Cada uma de nós terá uma resposta, e esse tema é bastante polêmico. O objetivo aqui é propor uma reflexão importante para o seu futuro financeiro. Uma reflexão sobre padrão de vida.

Muitas vezes, quando lido com pessoas que já conseguiram organizar ao menos parcialmente suas finanças, ouço esta afirmação: “Vou me sentir rica no dia em que comprar um apartamento. O *meu* apartamento.” Ok, penso, e passo para o plano concreto: pergunto se a pessoa já encontrou o imóvel que deseja adquirir (a resposta quase sempre é “não”). Sigo para a próxima questão: que tipo de apartamento é, um de 200 metros quadrados ou um loft? Um imóvel de dois quartos num prédio com serviços ou um de três num condomínio convencional? Num bairro perto ou longe do trabalho? Observe que não estou fazendo perguntas de outro mundo. Mesmo assim, raramente ouço uma resposta objetiva.

Um dia, entendi por quê: muitas vezes, baseamos nossos gastos não no que realmente precisamos ou mesmo desejamos, mas no que *outras pessoas esperam de nós*. Numa dessas conversas, uma cliente que queria porque queria o tal apartamento entregou o jogo: “Na verdade, eu não gosto da ideia de ter um endereço fixo. Preferiria morar cada hora num lugar, para onde meu trabalho me levasse. Mas meu pai só vai realmente aplaudir minha carreira no dia em que eu tiver casa própria.”

Olhe que complicado: de tanto ouvir falar da importância da casa própria, minha cliente passou a acreditar que essa conquista seria o símbolo da sua vitória, a comprovação de que ela “tinha dado certo na vida”, uma expressão, aliás, que o pai sempre usava para se referir à situação dela. No final da reunião, concluímos que o ideal para ela seria ter dinheiro suficiente para comprar um apartamento, porém bem investido e gerando rendimentos que permitissem a ela viver onde quisesse, pagando aluguel. Essa mulher tinha um trabalho que poderia ser realizado de qualquer parte do mundo; se ela própria tinha um espírito nômade, por que não viver de acordo com sua vontade? Combinamos ainda o seguinte: ela diria ao pai que tinha conseguido o dinheiro para a casa própria, porém estava usando-o em harmonia com o estilo de vida que buscava.

Como tantas de nós, essa cliente estava correndo atrás de um padrão de vida (ter e manter casa própria) incompatível com seu real desejo. É por isso que proponho uma pausa para pensar no assunto. Seu padrão de vida está combinando com o que é ser rica para você? O que você está acumulando é o que vai te fazer feliz quando conquistar? É ser rica para *você* ou ser rica para *seu pai, seu companheiro, suas amigas*?

Para mim, ser rica é ter qualidade de vida e equilíbrio sem deixar de formar um patrimônio. Mais tarde, esse mesmo patrimônio, por meio de seus rendimentos, me dará a tranquilidade de depender cada vez menos do meu trabalho. Porque quero trabalhar se eu quiser, não porque não tenho outra saída. Quero a minha independência financeira, algo de que vou falar mais adiante. Quero ter tempo e empregá-lo da maneira que me fizer mais feliz.

Foi pensando nisso que passei a me perguntar se minha família precisava mesmo de um segundo carro, ou se, diferentemente, o dinheiro que gastávamos com o veículo número dois não poderia ser investido de forma mais inteligente. Fiz as contas do quanto somavam as maiores despesas: licenciamento, IPVA, combustível, seguro, manutenção, lavagens etc. Concluímos, meu marido e eu, que esse total (altíssimo) poderia ser muito mais bem gasto em... uma viagem a mais por ano. Viagens são nosso maior prazer. O que vale mais, dois carros na garagem indicando conforto e um certo padrão de vida ou as viagens que nos revigoram? Ou, perguntando de outra forma: de que maneira você prefere gastar o dinheiro que advém das suas duras horas de trabalho: num carro que fica de 9 da manhã às 7 da noite estacionado em algum lugar ou em conhecer destinos de seu sonho?

Vendemos nosso segundo carro.

Isso nos obrigou, claro, a fazer toda uma reengenharia doméstica.

Pela manhã, levamos juntos as crianças até a escola e depois um de nós deixa o outro no trabalho, seguindo para seu destino; fica com o carro aquele que precisa se deslocar por distâncias maiores. No fim do dia, se o tempo estiver bom, podemos até pegar as crianças na escola de bicicleta, num trajeto de pouco mais de 3 quilômetros. Mesmo morando em São Paulo, as crianças adoram esse passeio na garupa do pai ou da mãe! Outra vantagem do esquema de carro único é que passei a conversar muito mais com meu marido. Pense na vida que você leva hoje: qual é a chance de passar 1 hora tranquila papeando com o homem da sua vida? Eu tenho essa oportunidade. Admito que nossos esquemas de trabalho, com horários flexíveis, nos ajudam muito a manter esse plano e que os primeiros seis meses foram complicados, mas hoje raramente aparece algum enrosco. Fizemos e bancamos nossa escolha.

Muitas vezes, acabamos construindo um padrão baseado no quanto entra de dinheiro. A cada vez que esse valor cresce, os gastos acompanham e o padrão de vida sobe. Não tem nada de errado com isso. Só é muito importante pensar se de fato foi uma decisão sua ou se está sendo sugerido por vizinhos, amigos e parentes. E se nele está cabendo a verba da sua aposentadoria, claro — outro assunto fundamental sobre o qual falaremos já já.

Mas pode acontecer (e acontece muito) de esse padrão de vida ser incompatível com a nossa renda. É para evitar essa defasagem que existe o orçamento, tema do próximo capítulo.

ORÇAMENTO REAL

A FOLHA DE SULFITE E O BRIGADEIRO

Eduarda e Allegra são vizinhas de prédio e muitas vezes se encontram no mercado próximo. É o que acontece numa manhã de sábado. Rafaela está com Allegra, e as três festejam a coincidência. Rafa observa, não sem alguma curiosidade, que Duda consulta uma lista de compras.

— Ué, Duda, desde quando você vem ao mercado com lista? — quer saber.

— Agora é assim... — responde Duda. — Preciso fazer a pensão dos meninos render muito. Não quero que eles sintam o impacto financeiro da separação. A lista me ajuda a fazer compras mais... objetivas.

— E você consegue se controlar? — pergunta Allegra.

— Não tem outro jeito — ela responde. — Antes eu ia gastando o saldo da nossa conta conjunta e o dinheiro nunca acabava. Agora, se piscar, já foi! Por que vocês estão me olhando desse jeito? Vocês não controlam o que gastam?

Rafa e Allegra trocam olhares.

— Mais ou menos... — responde Rafa. — Na verdade, eu sei aproximadamente o quanto posso gastar, mas quando o dinheiro acaba não consigo entender para onde foi...

— Eu ainda estou meio perdida – confessa Allegra. — Quando eu tinha holerite, também controlava pelo saldo do banco, e continuo fazendo desse jeito. Só que não funciona mais. Às vezes eu até tenho bastante dinheiro em conta, mas não tenho nenhum "recebível" previsto para o mês seguinte e sei que vou ter que esticar o que tenho até receber de novo. É outra vida!

#flaviasimplifica

Já deu para perceber que nossas amigas têm apenas uma vaga ideia de para onde vai o dinheiro que ganham, não é? É para isso que serve o orçamento real, uma ferramenta muito importante para garantir a nossa tranquilidade financeira. Isso porque, mesmo que você tenha hábitos saudáveis de consumo, sempre dá uma escapadinha aqui ou ali e desequilibra a balança.

Estou falando de dinheiro, mas também poderia estar falando de dieta: há muito em comum entre uma coisa e outra. Orçamento é como manutenção do peso: tem que olhar sempre para ele, não descuidar, fazer correções de percurso, criar estratégias para o fim de semana e o feriado prolongado. Com o tempo, a gente até pode relaxar um pouquinho e espaçar as "vistorias", mas uma hora será preciso voltar a ele. É natural escorregar e procurar uma zona de conforto. Vivemos cercadas de oportunidades para comer e gastar deliciosamente; é muito mais gostoso do que fazer dieta e economizar.

Você vai encontrar um monte de gente por aí que vai apontar o dedo para você e dizer: "Tem que fazer orçamento!" Então, alguém te dará uma tabela para preencher, você vai achar muito chato e trabalhoso e desistir. Eu não vou enganar você: tem que fazer orçamento, sim. Mas vou persuadir você a fazer o seu com convicção, consciente de que é a melhor atitude para a próxima fase da sua vida financeira, que será mais próspera e organizada. Quem sabe você até acabe gostando. Nem todo mundo pode achar essa tarefa instigante e saborosa como eu acho, mas hoje já tenho várias clientes viciadas em orçamento, que adoram e encaram essa etapa quase como uma forma de autoconhecimento, de poder, de tomar as rédeas da própria vida e não navegar mais à deriva. Depois dos primeiros três orçamentos, quem estará no comando é você.

PARA ONDE VAI MEU DINHEIRO?

Boa pergunta. E só você tem a resposta, mas ainda não sabe onde procurar. Sugiro que você separe uma hora da sua semana para mergulhar nesse item e conhecer de verdade seu orçamento. É hora de agir.

Quando se fala de dinheiro entre amigos, o assunto é sempre onde investir ou quais são as melhores oportunidades do momento, mas ninguém discute sobre *como guardar mais dinheiro*. Em muitos casos, colocar R$ 10,00 por mês no investimento que você já tem pode fazer mais diferença do que ficar procurando a grande vantagem por muito tempo. Então, proponho que o primeiro passo seja uma boa olhada nos seus números; isso nos permitirá buscar oportunidades internamente. No segundo momento, a gente corre atrás das oportunidades externas.

Quando minhas clientes me perguntam sobre a importância de fazer o orçamento mês a mês, respondo com outra pergunta: você conhece de verdade o tamanho das suas despesas – de todas as suas despesas? Jura? Isso deve incluir todas as saídas de dinheiro das suas contas bancárias (ou de qualquer outra forma de administração do dinheiro que você possa ter). Você sabe exatamente qual o valor da sua receita disponível? Aqui tem que estar atenta aos impostos, às taxas ou a qualquer outro custo que incidirá sobre esses ganhos, e que precisarão ser cobertos antes que o dinheiro possa ser de fato uma fonte de desfrute.

A maioria das pessoas sabe, com mais ou menos exatidão, o quanto despende por mês nas contas recorrentes – condomínio, aluguel, escola dos filhos, plano de saúde. Esses valores têm que constar no orçamento, claro, mas a razão essencial para montá-lo apesar disso, e da forma mais completa possível, é mapear os *pequenos gastos* que, juntos, podem fazer muita diferença – inclusive estourar seu limite de receita.

Preparando seu orçamento você conhecerá também as despesas que acontecem em alguns meses do ano, como seguros, impostos, IPTU e IPVA, férias e festas.

A forma é o menos importante: vale anotar no computador, no caderninho, em um aplicativo, se você encontrar algum que atenda às suas necessidades. Eu recomendo começar em folha de sulfite! O que realmente faz diferença é descobrir se seu saldo é positivo ou negativo. Ou seja, se seus gastos cabem no seu orçamento.

Pegue então a folha de sulfite, ou o que você tiver escolhido, abra seu extrato bancário do último mês, respire fundo e vamos lá. Divida a folha em colunas, crie as famílias de despesas e vá lançando cada despesa em um grupo. Uma sugestão é começar pelas que ocorrem todos os meses. Faça do seu jeito. O importante é entender que, se saíram R$ 1.000,00 da conta bancária, tem que haver R$ 1.000,00 descritos na folha de sulfite. Além dos extratos, separe também as faturas do cartão de crédito e, caso use dinheiro, anote quanto recebeu e como gastou esse valor. Se você tem o hábito de ficar entrando e saindo do negativo, não se esqueça de computar as despesas bancárias, esse entra e sai que devora nosso dinheiro quase sem a gente perceber. Some o total de cada grupo. Fica aquém, empata ou supera a sua receita?

CHEGOU A HORA DA VERDADE

Depois de fazer isso por três meses, terá que fazer uma análise e entender qual é a média de gasto com a casa, com você mesma, com o trabalho (se almoça fora e o valor do benefício alimentação acaba antes do final do mês, o que obriga você a tirar do próprio bolso) etc. Essa análise final é a parte mais importante de qualquer construção de orçamento. E é justamente onde muita gente se perde!

Conheço muitas pessoas que usam os aplicativos de celular para lançar as despesas do mês, mas nunca encontrei ninguém que tivesse parado, analisado seus gastos e tomado alguma atitude estratégica em relação a isso. E é essa ação que faz toda a diferença.

Se você já tem ideia do seu orçamento ou se já lançou em alguma planilha, caderninho, aplicativo ou na nossa singela folha de sulfite, responda as perguntas a seguir para concluir essa etapa do trabalho:

1. Os seus gastos de todo o ano cabem na sua receita?
2. Quanto sobra para construir seu plano de vida?
3. As compras que realizou no último mês fizeram você feliz? Foram consumos de qualidade?
4. Se você tivesse que economizar, em quais linhas do seu orçamento isso seria possível? Assinale com um asterisco.
5. É preciso rever seu padrão atual para que você tenha equilíbrio financeiro em longo prazo?
6. O que você poderia fazer para aumentar suas receitas?

Essa leitura final pode trazer algum desconforto, mas, mesmo que determinado mês tenha sido ruim, o simples fato de estar consciente do estouro já fará de você uma pessoa mais atenta às despesas do próximo. No dia seguinte, você já vai gastar de um jeito diferente.

O ORÇAMENTO DA RAFAELA

Rafa, você já sabe, é a mulher do dinheiro contadinho. Depois daquela conversa no supermercado, ela ficou intrigada e pensou muito no assunto. Concluiu que controlar o orçamento pelo saldo bancário talvez seja uma estratégia meio perigosa, porque, no fundo, *ela não está no controle*. Quem controla o orçamento é o dinheiro e não ela. Então, pegou uma folha de sulfite e montou seu orçamento. Fez isso durante três meses, direitinho. Tenho certeza de que o modelo da Rafa irá inspirar você!

Na primeira parte da tabela, ela listou todas as suas receitas.

Na segunda parte, organizou as despesas. Para não esquecer nada, foi guardando recibos e notas fiscais das despesas que pagou em dinheiro (sugiro a você que também faça isso). Alguns lembretes para que você, seguindo o exemplo da Rafa, preencha a sua tabela da maneira mais completa possível:

- Acompanhe seu extrato bancário.
- Agregue despesas comuns, por exemplo: todos os gastos com restaurante no mês, roupas, sapatos, mercado, gasolina e estacionamentos.
- Faça o mesmo com a fatura do cartão de crédito. Para facilitar, lance os valores no mês em que pagou a fatura, e não no mês em que você realizou o gasto.
- Se você usa sua conta pessoal para custear despesas do seu trabalho, separe uma linha especial para elas.
- Crie uma família de gastos para suas atividades com lazer e hobbies. Se você está matriculada numa academia, por exemplo, faça um grupo somando despesas com mensalidade, suplementos, roupas adequadas etc.
- Não deixe de lançar as taxas cobradas pelo banco, incluindo juros e IOF (Imposto sobre Operações Financeiras), que você paga a cada vez que aciona o cheque especial.

	JANEIRO	FEVEREIRO	MARÇO
SALÁRIO BRUTO	5.000,00	5.000,00	5.000,00
13º salário			
Férias e bônus			
INSS	(244,60)	(244,60)	(244,60)
IRRF (27,5%)	(1.375,00)	(1.375,00)	(1.375,00)
DESCONTO Alimentação	(10,00)	(10,00)	(10,00)
DESCONTO Plano de Saúde	(65,00)	(65,00)	(65,00)
DESCONTO Previdência Privada	(200,00)	(200,00)	(200,00)
TOTAL SALÁRIO LÍQUIDO	3.105,40	3.105,40	3.105,40
DESPESAS PESSOAIS	**JANEIRO**	**FEVEREIRO**	**MARÇO**
CABELO	0,00	(140,00)	0,00
AJUDA MÃE	(80,00)	0,00	(175,00)
AULAS ESPANHOL	(115,00)	(115,00)	(115,00)
IPVA	(225,00)	(225,00)	(225,00)
SEGURO CARRO	0,00	0,00	0,00
LIVROS	(51,00)	0,00	0,00
MANICURE	(80,00)	(80,00)	(80,00)
DOAÇÃO	(10,00)	(10,00)	(10,00)
TARIFA FOLHA CHEQUE EXTRA	0,00	0,00	(8,00)
TARIFA MENSAL BANCO	0,00	0,00	0,00
TÁXI	0,00	0,00	(25,00)
TOTAL DESPESAS PESSOAIS	(561,00)	(570,00)	(638,00)
DESPESAS LAZER	**JANEIRO**	**FEVEREIRO**	**MARÇO**
VIAGENS E PASSEIOS	(255,00)	0,00	0,00
ROUPAS E SAPATOS	(360,00)	0,00	(350,00)
FESTA ANIVERSÁRIO	0,00	0,00	0,00
RESTAURANTES	(80,00)	(180,00)	(170,00)
TOTAL DESPESAS LAZER	(695,00)	(180,00)	(520,00)
DESPESAS CASA	**JANEIRO**	**FEVEREIRO**	**MARÇO**
DENTISTA FILHOS	(150,00)	(150,00)	(150,00)
MANUTENÇÃO	(50,00)	(100,00)	0,00
EMPREGADA	(750,00)	(750,00)	(750,00)
13º SAL. EMPREGADA/FÉRIAS	0,00	0,00	0,00
GPS EMPREGADA	(67,50)	(67,50)	(67,50)
FARMÁCIA	(60,00)	(40,00)	(140,00)
ROUPAS FILHOS	(90,00)	(150,00)	(60,00)
MAT. ESCRITÓRIO	(75,00)	0,00	0,00
LANCHE CRIANÇAS	(100,00)	(100,00)	(100,00)
LAVANDERIA	(60,00)	0,00	(30,00)
MERCADO	(250,00)	(650,00)	(450,00)
PRESENTES	(90,00)	(240,00)	(90,00)
NATAÇÃO FILHO	(100,00)	(100,00)	(100,00)
TOTAL DESPESAS CASA	(1.842,50)	(2.347,50)	(1.937,50)
TOTAL DESPESAS	(3.098,50)	(3.097,50)	(3.095,50)
SALDO	6,90	7,90	9,90

TOTAL	MÉDIA Mensal	ORÇAMENTO REAL ANO
15.000,00	5.000,00	60.000,00
0,00	0,00	5.000,00
0,00	0,00	1.666,67
(733,80)	(244,60)	(3.219,53)
(4.125,00)	(1.375,00)	(18.333,33)
(30,00)	(10,00)	(120,00)
(195,00)	(65,00)	(780,00)
(600,00)	(200,00)	(2.400,00)
9.316,20	3.105,40	41.813,80
TOTAL	**MÉDIA**	**PREVISÃO TOTAL ANO**
(140,00)	(46,67)	(800,00)
(255,00)	(85,00)	(1.020,00)
(345,00)	(115,00)	(1.380,00)
(675,00)	(225,00)	(750,00)
0,00	0,00	(970,00)
(51,00)	(17,00)	(204,00)
(240,00)	(80,00)	(960,00)
(30,00)	(10,00)	(120,00)
(8,00)	(2,67)	(32,00)
0,00	0,00	0,00
(25,00)	(8,33)	(100,00)
(1.769,00)	(589,67)	(6.336,00)
TOTAL	**MÉDIA**	**PREVISÃO TOTAL ANO**
(255,00)	(85,00)	(2.500,00)
(710,00)	(236,67)	(2.840,00)
0,00	0,00	(2.500,00)
(430,00)	(143,33)	(1.720,00)
(1.395,00)	(465,00)	(9.560,00)
TOTAL	**MÉDIA**	**PREVISÃO TOTAL ANO**
(450,00)	(150,00)	(1.800,00)
(150,00)	(50,00)	(600,00)
(2.250,00)	(750,00)	(9.000,00)
0,00	0,00	(1.000,00)
(202,50)	(67,50)	(810,00)
(240,00)	(80,00)	(960,00)
(300,00)	(100,00)	(1.200,00)
(75,00)	(25,00)	(300,00)
(300,00)	(100,00)	(1.200,00)
(90,00)	(30,00)	(360,00)
(1.350,00)	(450,00)	(5.400,00)
(420,00)	(140,00)	(1.680,00)
(300,00)	(100,00)	(1.200,00)
(6.127,50)	(2.042,50)	(25.510,00)
(9.291,50)	(3.097,17)	(41.406,00)
24,70	8,23	407,80

Rafa ainda incluiu na tabela as despesas anuais que são de responsabilidade dela. Alguns exemplos: IPTU, IPVA, todos os seguros (da casa, do carro, de autônomo específico da sua profissão), matrícula da escola, material e uniforme escolar, 13º salário e férias remuneradas dos empregados domésticos, entre outros.

QUAIS SÃO OS SEUS NÚMEROS?

Não estou falando de peso, altura e calçado, e sim de quanto dinheiro entra e quanto sai. Depois de organizar seu orçamento, Rafa soube exatamente quais são os dela: a cada ano, recebe R$ 66.667,00 brutos (entre salário, 13º e férias), que se transformam em R$ 41.813,80 líquidos (63% do que ela ganha); gasta R$ 41.406,00 (99% da receita, livre de impostos e descontos); sobram R$ 407,80. É com essa sobra que ela poderia fazer planos e conquistar cada vez mais prosperidade e tranquilidade. Mas é muito pouco, e minha recomendação para a Rafa é que faça uma reengenharia de seu orçamento.

Quero muito que você também conheça os seus números. Isso é fundamental para a estratégia que vai reorganizar sua vida financeira. Se você perguntar para um empresário quais são os números dele, ele dirá que a empresa fatura x milhões, tem x funcionários, vende x toneladas de produtos por ano. Todos nós precisamos saber quais são os nossos números. Vai além da organização financeira: traz um profundo autoconhecimento. Saber o quanto recebemos e o que fizemos com nosso dinheiro diz muito sobre quem somos e o que fazemos de nossa vida. Mesmo que seja doloroso reconhecer alguns erros no primeiro instante, será o impulso para um patamar melhor.

Esta, agora, é para você preencher. Coragem!

	Mês A	Mês B	Mês C	TOTAL	MÉDIA	ORÇAMENTO REAL ANO
SALÁRIO / RECEITA BRUTO						
Outras receitas						
Outras receitas						
INSS						
IRRF (27,5%)						
Desconto						
Desconto						
Desconto						
TOTAL SALÁRIO LÍQUIDO						
DESPESAS PESSOAIS						
TOTAL DESPESAS PESSOAIS (a)						
VERBA DE LAZER						
TOTAL VERBA DE LAZER (b)						
DESPESAS CASA						
TOTAL DESPESAS CASA (c)						
TOTAL DESPESAS (a+b+c)						
SALDO (RECEITAS – DESPESAS)						

PRAZER /Ê/ S. M. 1. SENTIMENTO AGRADÁVEL QUE ALGUMA COISA FAZ NASCER EM NÓS.

Tem uma linha muito importante que pouca gente se lembra de incluir no orçamento – acaba entrando, disfarçadamente, na família de compras, viagens, lazer, restaurante, presentes, baladas. É a nossa verba de felicidade.

Proponho que você conheça exatamente o tamanho da verba que será um prêmio para você mesma.

Ele pode integrar um ou vários dos grupos de gastos que citei antes, mas *você deve conhecer também esse número*, porque de agora em diante recomendo que usufrua dele com muito prazer. Não só como um gasto, e sim como uma parte da sua receita que foi simplesmente usada sem muito propósito ou planejamento. Por exemplo: dos R$ 465,00 que a Rafa utiliza em média no grupo de despesas Viagens, Roupas e Restaurantes, ela pode designar R$ 200,00 por mês para o seu brigadeiro.

Depois deste livro você provavelmente decidirá priorizar gastos para poder alcançar todos os objetivos traçados, e isso exigirá algumas privações.

Mas a linha prêmio TEM QUE EXISTIR no seu orçamento.

Por que eu chamo de prêmio?

Porque você precisa aproveitar a vida. Não sou a favor de simplesmente juntar, juntar, juntar dinheiro. Sou a favor de um plano de vida feliz, estável e confortável, sem que nenhuma fase deixe de ser aproveitada em favor de outras. Para que isso ocorra, siga seu orçamento, faça seus gastos e suas receitas acompanharem o que você planejou, mas principalmente seja feliz.

Você vai perceber como o hábito de montar o orçamento e se permitir um brigadeiro vai trazer mais qualidade para o seu consumo. Vai constatar que poucas compras ou gastos serão feitos sem consciência ou de forma descuidada.

Qualidade de consumo é um movimento negligenciado nos dias de hoje, principalmente pela falta de tempo. Quantas vezes não fazemos compras simples no mercado mais caro só porque ele fica no caminho do trabalho para casa, ou compramos aquele vestido de festa que só será usado duas vezes no ano, mas não pensamos em outra saída porque ficou para a última hora. Planejamento financeiro – quero reforçar essa ideia – está profundamente conectado com a estratégia de consumo. E com uma vida mais organizada. Você vai ver: tudo vai funcionar melhor quando você estiver no controle.

Sabe por que o título desse item é **O brigadeiro**? Porque quando eu resolvo fazer dieta e termino o dia desesperada por um doce, penso em qual seria a menor porção de açúcar com maior sabor e prazer inclusos. E sempre escolho o brigadeiro.

Pense nisso quando for usar sua verba prêmio. Qual é o seu brigadeiro "financeiro"?

ORÇAMENTO META

O TERMÔMETRO

Depois que organizou seu orçamento real, Rafaela estava pronta para introduzir mudanças significativas na sua vida. Olhando para o mapa de receitas e despesas, e tendo finalmente compreendido para onde ia o dinheiro no dia a dia, ela conseguiu avaliar se gastou bem ou mal e onde poderia economizar. Com essas informações, começou a planejar a realização de um sonho: ir com a família para a Disney daqui a 2 anos, quando já tiverem idade para valorizar a experiência. Rafa veio de uma família que não teve condições de lhe proporcionar esse sonho; oferecê-lo aos filhos era um projeto antigo, e, olhando seus números, ela soube que conseguiria organizar a viagem. Tinha tempo e estava disposta.

— Tomei uma decisão — informou às amigas num dia em que se encontraram numa festa de aniversário. — Vou começar a guardar dinheiro para ir com os meninos para a Disney.

— Mas eles não são pequenos para isso? — perguntou Veridiana.

— São, claro — respondeu Rafa. — A ideia é que a gente viaje daqui a dois anos. Eles estarão maiores, mais independentes, vão aproveitar mais. Vai ser uma experiência incrível.

— E por que você não compra nessas agências que vendem em 10 vezes? É muito mais fácil do que juntar o dinheiro todo, não é? — quis saber Duda.

— Pode até ser — concordou Rafa. — Mas eu preciso provar para mim mesma que sou capaz de realizar os meus sonhos na hora que eu quero e não quando der, sabe? Quero tomar as rédeas de novo das minhas realizações. Vivo reclamando que quando não tinha as crianças era mais fácil, sempre sobrava algum dinheiro. Acho que devo esse esforço e ensinamento aos meus filhos.

Na adolescência, Eduarda tinha vivido um tempo nos Estados Unidos, e contou como a viagem tinha mexido com seus conceitos e opiniões.

— Mas precisa começar a poupar já, tão cedo? — questionou Allegra. — Não vai ficar apertado para você?

— Vou me privar de algumas regalias — admitiu Rafa. — Mas vai valer a pena.

#flaviasimplifica

Isso que Rafa está começando a fazer tem um nome no mundo da organização das finanças pessoais: orçamento meta. Trata-se do passo seguinte à elaboração do orçamento real. Relembrando: quando monta o real, você mapeia exatamente para onde vai o seu dinheiro no dia a dia.

Olhando para esse mapa, consegue avaliar criticamente suas despesas. Você pode descobrir, por exemplo, que gastou R$ 2.000,00 no ano passado em restaurantes e, no entanto, não consegue se lembrar de nenhum jantar incrível. Fica claro o que foi consumo de qualidade e o que não foi.

Orçamento meta nada mais é do que o desenho de como você porá em prática o planejamento financeiro, ou seja, de como pretende gastar seu dinheiro nos próximos meses ou anos de forma a realizar seus maiores desejos. Pode ser uma viagem de R$ 10.000,00 (já viu que eu sou louca por viajar, não é?); ou mudar os filhos para uma escola melhor, digamos, no Ensino Fundamental II; ou morar num bairro mais arborizado e, consequentemente, mais caro.

O orçamento meta é a ferramenta que fará com que o planejamento financeiro seja possível. Por meio dele a Rafaela irá prever quais esforços precisará fazer tanto para aumentar sua receita como para diminuir despesas. A ideia é que, ao final, consiga guardar a parcela necessária para a compra do que planejou.

Entre o orçamento real e o orçamento meta, vale voltar àquela reflexão que já convidei você a fazer antes: a meta é realmente importante para você? Combina com o seu projeto de vida? Se as duas respostas forem "sim", vamos em frente.

Será necessário refazê-lo a cada ano e o orçamento real será o termômetro que indicará se você está cumprindo o que planejou para o seu dinheiro.

Plano de ação para Rafaela. Para juntar a quantia necessária para a viagem à Disney, com pagamento à vista, daqui a dois anos, Rafa organizou-se melhor. Depois de pesquisar que tipo de viagem ela gostaria de oferecer à família, encontrou um programa que custaria em dólares o equivalente a R$ 10.000,00. Decidiu, então, guardar

R$ 5.000,00 por ano e aplicar esse valor em um investimento que tivesse rendimento atrelado ao dólar, porque assim, se a moeda americana disparasse, seu dinheiro caminharia junto; o rendimento seria usado para a compra de moeda estrangeira.

Quando colocou esse plano no orçamento meta,* percebeu que teria que fazer alterações no estilo de vida e tomou algumas decisões:

- Gastar menos em viagens ao longo desses dois anos, escolhendo destinos mais próximos ou programas mais curtos.
- Comprar menos roupas e sapatos e mudar o ritmo de gastos em restaurantes – terá que escolher melhor os jantares que fará e deverá ter mais cuidado com saidinhas para comer por não ter opções em casa.
- Usar o 13º salário para pagar à vista o IPVA e o seguro do carro e, graças a isso, conseguir um desconto.
- Fazer a compra de mês em um supermercado com preços melhores, sem aquelas passadinhas rápidas no mercado mais careiro que fica no caminho do trabalho para a casa. Com essa adaptação, não será preciso mudar nada no cardápio alimentar da família, apesar da diminuição dos gastos.
- Planejar melhor e ser mais criativa ao comprar presentes. Não deixar para a última hora.

E, já que a Rafa fez o orçamento meta, ela decidiu que este ano também guardará R$ 2.100,00 para engordar a aposentadoria dela.

---

* Esse orçamento não considera a inflação do período, tanto para receitas quanto para despesas.

	ORÇAMENTO META	ORÇAMENTO ANO
SALÁRIO BRUTO	(5.000,00)	(60.000,00)
13º Salário	(416,67)	(5.000,00)
Férias e Bônus	(138,89)	(1.666,67)
INSS	(268,29)	(3.219,53)
IRRF (27,5%)	(1.527,78)	(18.333,33)
DESCONTO Alimentação	(9,90)	(118,80)
DESCONTO Plano de Saúde	(65,00)	(780,00)
DESCONTO Previdência Privada	(200,00)	(2.400,00)
TOTAL SALÁRIO LÍQUIDO	(3.484,58)	(41.815,00)
DESPESAS PESSOAIS	**ORÇAMENTO META**	**ORÇAMENTO ANO**
CABELO	(46,67)	(560,00)
AJUDA MÃE	(85,00)	(1.020,00)
AULAS ESPANHOL	(115,00)	(1.380,00)
IPVA	(56,25)	(750,00)
SEGURO CARRO	(79,17)	(873,00)
LIVROS	(17,00)	(204,00)
MANICURE	(80,00)	(960,00)
DOAÇÃO	(10,00)	(120,00)
TARIFA FOLHA CHEQUE EXTRA	(3,00)	(36,00)
TARIFA MENSAL BANCO	0,00	0,00
TÁXI	(30,00)	(360,00)
TOTAL DESPESAS PESSOAIS	(522,08)	(6.263,00)
VERBA DE LAZER	**ORÇAMENTO META**	**ORÇAMENTO ANO**
VIAGENS E PASSEIOS	(100,00)	(1.200,00)
ROUPAS E SAPATOS	(180,00)	(2.160,00)
FESTA ANIVERSÁRIO	0,00	0,00
RESTAURANTES	(100,00)	(1.200,00)
TOTAL VERBA DE LAZER	(380,00)	(4.560,00)
DESPESAS CASA	**ORÇAMENTO META**	**ORÇAMENTO ANO**
DENTISTA FILHOS	(150,00)	(1.800,00)
MANUTENÇÃO	(50,00)	(600,00)
EMPREGADA	(750,00)	(9.000,00)
13º SAL. EMPREGADA/FÉRIAS	(83,33)	(1.000,00)
GPS EMPREGADA	(67,50)	(810,00)
FARMÁCIA	(80,00)	(960,00)
ROUPAS FILHOS	(100,00)	(1.200,00)
MAT. ESCRITÓRIO	(25,00)	(300,00)
LANCHE CRIANÇAS	(75,00)	(900,00)
LAVANDERIA	(30,00)	(360,00)
MERCADO	(380,00)	(4.560,00)
PRESENTES	(100,00)	(1.200,00)
NATAÇÃO FILHOS	(100,00)	(1.200,00)
TOTAL DESPESAS CASA	(1.990,83)	(23.890,00)
TOTAL DESPESAS	(2.892,92)	(34.713,00)
SALDO	591,67	7.102,00
PROVISÃO para DISNEY com crianças	(416,67)	(5.000,00)
PROVISÃO DE APOSENTADORIA	(175,00)	(2.100,00)
SALDO FINAL	0,00	2,00

No caso da Rafaela, é possível fazer esse planejamento com alguma margem de segurança, pois ela já sabe com certa precisão de quanto será sua receita no ano seguinte – 13ºs salários + a correção na data-base (prudente, Rafa não está contando com o bônus; embora geralmente tenha um 14º salário, não quer incluí-lo no planejamento da viagem para não ficar descoberta caso não se concretize). Se recebe R$ 66.667,00 brutos por ano (salário + 13º + férias) e já sabe quanto gastará com despesas que são velhas conhecidas (gastos com as crianças, por exemplo, que terão reajustes próximos da inflação), esse planejamento é relativamente seguro e tem boa margem de sucesso.

Isso não significa que só quem recebe holerite conseguirá montar um bom orçamento meta. Pessoas jurídicas, como Allegra, também podem e devem ter um, só que o raciocínio é outro.

Plano de ação para Allegra. No caso de quem é dona do próprio negócio, o orçamento meta pode se aplicar à empresa, funcionando como uma espécie de plano financeiro para o próximo ano. Imagine, por exemplo, que Allegra deseja faturar R$ 100.000,00 no ano que vem; esse será seu orçamento meta *de receita.* Para chegar ao resultado, ela terá que discriminar, na linha da receita de seu planejamento, quanto pretende vender de cada um dos produtos que está levando ao mercado. Suponha que Allegra seja uma videomaker; fazer filmes para redes sociais é a principal atividade de sua empresa. No entanto, ela também edita vídeos de terceiros e dá cursos em escolas de arte ensinando como transformar vídeos de férias em experiências semiprofissionais. Allegra precisará calcular quanto cada um desses produtos renderá e então saberá a quantidade de vídeos, cursos e edições que precisará vender para atingir a meta. O orçamento meta só ficará completo se Allegra puder prever seus custos diretos, aqueles ligados a vendas, e suas despesas, que independem de haver ou não trabalho, como hospedagem do site, folha de pagamento se ela tiver empregados, aluguel do escritório etc.

Com todas estas informações anotadas ela saberá qual lucro ou prejuízo irá alcançar ao longo do ano. A cada novo ano o orçamento meta da Allegra ficará mais próximo do realizável, já que ela conhecerá mais a fundo a sazonalidade e a capacidade de venda do negócio dela.

Isso permitirá que sua empresa cresça e prospere a cada ano!

RESERVA FINANCEIRA

PORQUE EU QUERO SOSSEGO

Num sábado ensolarado, Rafaela, Allegra, Veridiana e Eduarda se encontraram num café. Tinham planejado uma tarde feliz, entre fofocas e risadas, mas Rafa estava triste e preocupada, e as amigas não demoraram a notar.

— O que houve, Rafa? Por que está com essa cara? — quis saber Allegra.

Rafa não precisava de nenhum estímulo extra para desabafar:

— Uma amiga minha foi demitida ontem, sem mais nem menos. Corte de pessoal, disseram. Ela era ótima profissional, e a gente tinha muita coisa em comum. Fiquei imaginando como eu me sentiria no lugar dela. Tantos anos recebendo salário todo dia 5, e de repente... nada de salário. Isso para ficar só na esfera do dinheiro...

Infelizmente, não era uma situação tão incomum assim, e por um instante todas se colocaram no lugar da recém-desempregada.

— Liga pra ela para dar uma força — sugeriu Duda.

— Eu liguei — contou Rafa. — E fiquei um pouco mais tranquila: apesar de ainda estar abalada com a novidade, ela me contou que estava tudo bem, pois tem uma boa reserva e pode ficar até oito meses sem ganhar. Ela acha que é tempo suficiente para encontrar um novo trabalho sem ficar descapitalizada.

As amigas suspiraram, aliviadas: o cenário não era tão sombrio assim. Porém, lá no fundo, todas ficaram meio encanadas. Para Rafa, caiu a ficha de que ter uma reserva financeira é uma garantia de tranquilidade. Ela tem dinheiro guardado, mas é bem pouco, e na verdade pensa em gastá-lo na próxima viagem com a família.

— Vocês já pensaram que alguma coisa sempre pode dar errado e a gente pode precisar de uma reserva como a dessa amiga? — perguntou. — Eu não tenho quase nada guardado.

Para Allegra, a situação também acendeu uma luz vermelha.

— Eu tenho a reserva que guardei para abrir meu negócio, mas não é suficiente.

Veridiana não participa muito dessa conversa. Intimamente, porém, promete a si mesma que, tão logo se livre das dívidas, pensará numa estratégia para juntar dinheiro e ter esse capital de emergência.

— Meu ex-marido tinha — suspira Duda. — Ele entendia de dinheiro e eu me sentia segura ao lado dele. Agora, tenho que viver com a pensão dos meninos mais o dinheiro que ficou para mim na partilha... Bom, deveria ser a minha reserva, não é?

#flaviasimplifica

Eu espero que você tenha algum dinheiro guardado. Porém, o que chamo de reserva financeira não é todo esse capital. No mundo ideal, a reserva é como se fosse um porquinho dentro de um porcão. O porcão é o bolo maior da sua poupança, que você está guardando para reforçar a sua aposentadoria, comprar a casa própria ou realizar algum sonho. O porquinho é a reserva. Imagine, por exemplo, que você precise de R$ 3.000,00 para viver todos os meses; a sua reserva deveria permitir que você se mantenha por pelo menos 6 meses caso sua fonte de renda venha a faltar. Agora, vamos fazer de conta que você tem R$ 100.000,00 guardados. Desses R$ 100.000,00, R$ 18.000,00 corresponderiam à reserva; os R$ 82.000,00 restantes, à sua poupança real. No mundo ideal, repito, você deveria fingir que esses R$ 82.000,00 nem existem por enquanto; sua reserva é de R$ 18.000,00, e é com ela que você poderá contar em emergências.

Se você nunca precisar da reserva, é uma mulher de sorte, e aquela quantia vai "engordar" o porcão. Mas o fato é que todas nós devemos ter uma reserva financeira para utilizar no dia a dia, sempre disponível para imprevistos.

Que tipos de imprevistos? Aqueles ruins, nos quais a gente nunca quer pensar. Carro batido, um tratamento de saúde inesperado, um procedimento odontológico caro (pouca gente tem plano de saúde para os dentes), uma demissão, uma manutenção grande na sua casa ou apartamento, uma separação. Quanta coisa desagradável, mas olhe só: se você tiver essa reserva, suas preocupações serão menores.

Você acha que é muito difícil juntar o equivalente a seis meses de custo? Ok, se tiver no mínimo quatro já está de parabéns. Porém, com seis meses de reserva, você não precisará aceitar qualquer trabalho que lhe oferecerem se ficar desempregada. Caso deseje, terá tempo e verba para encontrar pessoas que possam ajudá-la a se recolocar ou, quem sabe, até para consultar um coach de carreira e, com o suporte dele, curar as mágoas e buscar novos caminhos. Se você é personal trainer e quebrou a perna, pode procurar o melhor especialista e ganhar tempo para se restabelecer sem deixar de pagar as contas. O cálculo de quanto você deve ter na reserva não precisa incluir despesas com lazer ou supérfluos, já que, nas fases de imprevistos, esses gastos são facilmente cortados. Mas tem que prever o condomínio, a escola dos filhos, o plano de saúde e o que mais você considerar essencial.

◆

A forma como você cuida do porquinho e do porcão também precisa ser diferenciada. O porquinho deve estar em uma aplicação segura, de baixo risco, que possibilite um resgate rápido; bancos e casas de investimento classificam essas aplicações como conservadoras e de alta liquidez.

Ter bem claro o que é reserva e o que é capital guardado também vai ajudar muito na hora de escolher os investimentos para sua aposentadoria ou para outros projetos. Isso porque você poderá escolher aplicações de prazo mais longo e que normalmente dão retornos maiores.

◆

Ficou bem claro por que a reserva é fundamental e como ela se diferencia do capital guardado?

Agora vou contar como ajudei mulheres como Rafa, Allegra, Veridiana e Duda a se organizarem para ter uma reserva.

Plano de ação para Rafaela. Sugeri a ela (e se você se identifica com a Rafaela, anote a ideia) que aceitasse qualquer trabalho extra que surgisse e que estivesse disposta a fazer. Quando recebesse, deveria poupar no mínimo 60% *de tudo o que não estivesse comprometido*. O mesmo vale para bônus por desempenho, 13º salário, abono de férias; recebeu, 60% vai para o tal fundo conservador, de alta liquidez, que combinamos antes. Por que não poupar tudo?, você deve estar perguntando. Porque, se eu pedisse para guardar tudo, provavelmente ela não guardaria nada. É difícil ralar, ganhar e não se permitir nenhum brigadeiro. Então, me contento em pedir uma parcela. Grande.

Outra ideia é convencer a Rafa a vender roupas e objetos de que não precisa mais. Ela pode levar a um brechó, pôr num site, como achar melhor — esse é um dinheiro totalmente novo, que de repente se materializa e equivale a uma injeção de ânimo. Dinheiro chama dinheiro: conheço mulheres que, depois de vender os próprios pertences, começaram a ofertar objetos de parentes, embolsando comissões quando os negócios se concretizavam.

Esses dois conselhos são simples, mas colocá-los em ação exige disciplina. Para reforçar, vale lembrar que a falta desse dinheiro custa caro! Se você tiver que buscar num banco o capital para uma emergência, vai pagar juros muito altos. Veja esta simulação realizada junto a um grande banco de varejo em julho de 2014 para contrair um empréstimo de R$ 18.000,00:

Valor do IOF, imposto sobre operações financeiras, que é obrigatório:	R$ 330,81
Custo efetivo total (CET):	3,62% ao mês (30 dias) e 54,28% ao ano (365 dias)
Taxa de Juros:	3,51% ao mês / 52,15% ao ano
Plano:	36 parcelas de R$ 943,20
Valor total da dívida:	R$ 33.955,20

É isso mesmo: para usar R$ 18.000,00 imediatamente, Rafaela teria que pagar ao banco quase R$ 34.000,00 ao longo de três anos! Você acredita?

Plano de ação para Allegra. Nossa PJ Feliz ainda está organizando as contas do seu negócio, então, antes de chegar à etapa de planejar a reserva, ela tem um bom caminho pela frente. Suponhamos que Allegra estabeleceu para si mesma um "salário" de R$ 3.000,00 por mês; terá que guardar 6 vezes esse valor para compor a reserva ideal. O jeito, ao menos enquanto está estruturando o negócio, será pegar mais trabalho e incorporar a necessidade de formar a reserva ao planejamento financeiro da empresa – da mesma maneira que fará em relação ao mês de férias e ao 13º salário. Se Allegra pretende faturar R$ 100.000,00 por ano, saberá quantos projetos precisará vender ao mercado, e a que valor.

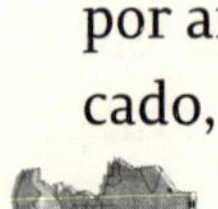

Plano de ação para Veridiana. Muita gente que escreve sobre endividamento defende que mesmo o endividado tem que ter reserva. É uma postura que beira a crueldade, pois ele já está no limite. Por outro lado, faz sentido: se Veridiana tiver um problema de saúde, terá que buscar fundos no "mercado negro" do dinheiro, algo que a gente não deseja nem para os nossos inimigos. O jeito, em situações assim, é olhar caso a caso. Imagine, por exemplo, que um parente próximo ficou sabendo da dívida e ofereceu R$ 8.000,00 a ela para quitar uma parte. Recomendei a Veridiana que usasse metade para abater a dívida e guardasse R$ 4.000,00 (para um problema de saúde, por exemplo). Mas houve muita conversa até que ela aceitasse e pusesse em prática esse conselho, porque é tentador ter dinheiro disponível na situação em que ela está. O ideal é fazer de conta que essa quantia nem existe, ou vai mexer com os impulsos da endividada – e ela vai querer usá-lo. É como a gente quando faz uma dieta e colocam diante de nós um bolo de chocolate cremoso com cobertura de brigadeiro mole. Resistir é dureza!

A sugestão de realizar uma grande venda de usados também é muito útil para essa mulher. Ninguém precisa saber: ela pode simplesmente anunciar num site de usados. Veridiana começará a fazer seu fundo de reserva e perceberá que pode viver com menos, de um jeito diferente e prazeroso.

Plano de ação para Eduarda. Essa mulher tem uma reserva, só precisa entender se está aplicada da maneira mais eficiente. A verdade é que o ex-marido entregou a ela um porcão e, se vacilar, ela corre o risco de consumir sua poupança só nas despesas do dia a dia. Como definir qual montante corresponde à poupança e quanto à reserva de emergência? Duda precisará descobrir de quanto precisa para se manter por 1 mês (sozinha; sem computar os gastos com os filhos) e multiplicar por 6, como você já sabe. Esse valor seria a reserva de emergência. O restante ganha status de intocável.

DÍVIDAS

UMA LUZ NA NEBLINA

Veridiana está arrasada: na véspera, quando tentou pagar o supermercado, a administradora do cartão não autorizou. Ela nem precisou ligar para descobrir por quê: não tinha pagado o valor mínimo da fatura anterior. Decidida a resolver esse problema — como se fosse o único! —, procurou outra vez o gerente de seu banco e pediu um novo empréstimo pessoal para quitar a menor parcela do cartão e assim obter mais crédito. Veridiana já não tem linhas pré-aprovadas e o gerente negou-lhe mais dinheiro. Ela está "com o nome sujo" no cadastro das empresas que registram informações sobre pessoas com dívidas atrasadas.

A sensação é de desespero e ela sente que precisa partilhar com alguém esse segredo torturante. Marca um café com Eduarda. São amigas de longuíssima data e ela acha que, mesmo que não possa ajudá-la com dinheiro (como gostaria), Duda pode ter alguma ideia brilhante.

— Tem uma coisa horrível sobre mim que preciso contar a alguém. Se eu não desabafar com você, acho que vou explodir de angústia — anuncia, sem preâmbulos.

— Nossa! — Duda leva um susto e logo pensa em problemas de saúde. — O que está acontecendo?

Veridiana começa a chorar. Aos soluços, conta para a amiga como tudo começou. Culpou o cliente, que tinha cancelado o pedido na véspera da entrega. Depois, admitiu que tinha gastado o lucro antes de receber, mas deixou bem claro para a amiga que isso era só um detalhe. Joga a toalha: não sabe mais o que fazer.

Duda ouve em silêncio. Está perplexa: nunca imaginou que aquela mulher tão batalhadora não tivesse lastro financeiro. Abraça a amiga e, já que ela própria não tem a menor condição (e nem vontade, para ser bem sincera; havia captado a profundidade do endividamento) de oferecer o dinheiro de que Veridiana precisa, diz a única coisa que lhe ocorre:

— Tem alguém na sua família que poderia emprestar algum dinheiro?

Veridiana para de chorar e pensa um pouco.

— Sim, um tio que gosta muito de mim. Mas ele teria que saber.

Ela chegou ao fim do túnel.

#flaviasimplifica

O endividado vive numa espécie de neblina. Não tem clareza sobre quanto deve nem quais as taxas de juros cobradas por seus credores. Há vários graus de endividamento, e essa condição vem crescendo no país. O brasileiro com frequência pega dinheiro no mercado para consumir bens, o que não deveria ser feito: crédito deveria servir apenas para aumentar a produtividade. O endividamento dos brasileiros não para de crescer. Em julho do ano passado, esse índice, apurado pelo Banco Central dividindo o total das dívidas pela renda anual do indivíduo, chegou a 46%, o maior número desde 2005.

Quando se tem dívidas, o primeiro passo é fazer um diagnóstico realista da situação. Se é o seu caso, comece levantando todas as informações possíveis sobre suas dívidas: quem emprestou dinheiro, ou a quem você deixou de pagar, quanto deve e a taxa de juros que cada credor vem cobrando de você. Se você curtiu a ideia da folha de sulfite, pegue uma e comece esse exercício. Não perca de vista aquela informação que eu dei logo no começo deste livro: é o primeiro passo – ainda que doloroso – para solucionar de vez o problema e acabar com esse martírio. Você terá uma data final para ter suas finanças saneadas!

Sugiro esta tabelinha aqui:

Quem emprestou/ Quem você deixou de pagar	Saldo a pagar	Taxa de juros (ao mês)

Aproveite que você pesquisou tudo isso e guarde todos os documentos relativos a suas dívidas de forma organizada. Este é outro conselho valioso: sempre organize de um jeito racional seus documentos, faturas e cartas do banco. Isso ajudará a controlar o orçamento e encontrar informações rapidamente. Muitas vezes nós nos aproveitamos da desorganização para ludibriarmos a nós mesmas, numa espécie de autoboicote.

Pronto. Você já sabe o tamanho da sua dívida.

O próximo passo é priorizar quais débitos deverão ser pagos primeiro: os mais caros, ou seja, com taxa de juros mais alta, e as dívidas pequenas, de rápida liquidação, que darão maior motivação no processo de saída do endividamento.

As dívidas que contraímos com parentes e amigos normalmente são as mais baratas financeiramente – com taxas de juros menores, ou até sem juros – e, por esse motivo, acabam indo para o fim da fila. No entanto, em muitos casos, são as que geram maior desconforto. Se você não aguenta mais o olhar reprovador daquele primo que lhe emprestou dinheiro toda vez que se encontram nos almoços de domingo, é importante fazer um plano de quitação dessa dívida e mostrá-lo ao credor. Assim você se sentirá estimulada a cumprir o que combinou e isso trará alguma serenidade.

Quem não tem nenhum recurso para começar a eliminar as dívidas terá que ir até seu banco e pedir um empréstimo pessoal com a menor taxa possível e parcelas que caibam no orçamento do mês.

Mas só renegocie de maneira que você consiga pagar, certo? Fique alerta. Vale a pena procurar em mais de um banco e barganhar o máximo possível com o gerente – não tenha vergonha, dar uma de orgulhosa nessa hora pode (vai) custar caro para você.

Algumas empresas também oferecem a seus funcionários o crédito que ficou conhecido como consignado, geralmente a melhor opção porque tem juros baixos. Pesquise.

Com o valor emprestado do banco, negocie muito e pague todos os credores começando com o que cobra juros mais elevados. Evite ao máximo parcelar a fatura do cartão de crédito e usar os recursos do cheque especial. Os juros desses serviços podem levar você a um endividamento pesadíssimo. Só para dar uma ideia, observe as taxas de juros mensais praticadas por diferentes agentes do mercado em abril de 2014, segundo o jornal *Folha de S. Paulo*. Veja como essas taxas podem variar loucamente de acordo com a linha de crédito. Agora você vai entender de uma vez por todas por que é melhor dever para o banco do que para o cartão de crédito!

Cartão de crédito:	10,52%
Cheque especial:	8,18%
Financiamento de automóveis oferecido pelos bancos:	1,78%
Empréstimo pessoal oferecido pelos bancos:	3,40%
Empréstimo pessoal oferecido por financeiras:	7,28%

Mantenha o pagamento das parcelas em dia. Para isso, é fundamental que seu orçamento ou o da sua família esteja organizado para suportar essa despesa durante um certo período. E, por falar em orçamento, fique atenta para não gastar mais do que pode. Você terá que cultivar novos hábitos financeiros para colocar em prática a importante decisão de se livrar das dívidas.

Tenha em mente qual é a data da última parcela. Saber quando tudo terminará ajuda muito na motivação de seguir em frente. Se receber alguma quantia extra no ano, como bônus, férias, parte do 13º, restituições e outros, use esses valores para amortizar a dívida, ou seja, adiante parcelas para solucionar o problema mais rápido.

VÍTIMA, MAS TAMBÉM VILÃ

Esse processo não estará completo se a pessoa endividada não fizer uma profunda reflexão sobre o verdadeiro vilão dessa situação. Por que contraiu dívidas? Quais atitudes ou comportamentos levaram a isso? Ou será simplesmente o padrão de vida que não está adequado à receita? Abandonar o comodismo e aceitar que somos as principais culpadas por nossos erros fará de nós protagonistas da nossa vida, e também nos obrigará a lidar com frustrações.

Acabar com as dívidas e organizar sua vida financeira não vai fazer bem só para seu orçamento. Vai melhorar sua saúde, seus relacionamentos, sua autoestima e seu bem-estar. Acredite!

FINANCIAMENTOS, OUTRA CATEGORIA

Financiar a casa ou um carro é justificável, já que são bens muito caros. Justificável não significa desejável. Minha proposta aqui, no entanto, é que você deixe de financiar pelo menos o seu carro (quem sabe um dia não dá para fazer o mesmo com o apartamento?). Depois de quitar todo o financiamento, comece a aplicar o valor relativo às parcelas até alcançar a quantia necessária para a próxima troca. Usar os juros compostos a nosso favor deixa a vida mais doce. Você poderá comprar o novo carro à vista, negociar um preço melhor e ter a satisfação da conquista. As pessoas que alcançam esse objetivo se sentem tão recompensadas que não voltam a recorrer a financiamentos.

Plano de ação para Veridiana. O tal tio pode até emprestar o dinheiro suficiente para pagar as dívidas mais caras, mas talvez não todo o montante necessário. Quando a dívida toma proporções muito grandes, minha sugestão é vender o carro da família ou o apartamento onde se mora e se preparar para viver num imóvel menor, usando o dinheiro para quitar todas as dívidas e zerando essa fonte de sofrimento. Mesmo que Veridiana tenha que financiar o próximo carro ou apartamento, as taxas de financiamento serão inferiores às cobradas por qualquer negociação com os agentes a quem ela deve dinheiro.

Nessa caminhada, Veridiana precisará de muita garra. A decisão de vender um bem valioso e trocá-lo por outro menor vai demandar grande coragem, especialmente para quem já estava experimentando a ascensão nos negócios. É mais difícil ainda porque esse esforço notável será necessário para corrigir sua má gestão financeira.

Todo mundo precisa saber? Acho que não. Será inevitável se expor para algumas pessoas, talvez justamente as mais próximas, porém, para as demais, ela poderá alegar uma "iluminação", um desejo de viver com mais simplicidade, de dar outro exemplo para os filhos... Conheço quase Veridianas que mudaram de cidade e começaram de novo, com maturidade e êxito. Elas nunca mais se endividaram. E, a melhor parte, conquistaram a prosperidade com que tanto sonharam.

DUAS IDEIAS PARA TER MAIS DINHEIRO

Que tal começar a pensar nisso, especialmente se você está endividada? Ou mesmo se não estiver – quem não se entusiasma com a perspectiva de aumentar as receitas e acelerar a realização dos nossos mais caros projetos de vida? Depois que conhecer estes dois conceitos, tenho certeza de que você passará a ficar mais atenta às possibilidades. Mas não vale ficar sentada esperando, ok?

Receita passiva. O que é ter uma receita passiva? É simplesmente dispor de uma receita que não depende das suas horas de trabalho. Alguns exemplos: investimentos financeiros, receitas com aluguéis de imóveis, da sua garagem, da sua bicicleta, da casa de fim de semana, ou mesmo quando você decide ser sócio-investidor de alguma empresa, o que, em algum momento, lhe renderá dividendos.

Existem outras fontes de receita que dependem do seu esforço, porém apenas uma vez; por exemplo: ter um vídeo patrocinado na internet, captar anúncios para o seu blog, compartilhar vídeos, fazer uma música, um texto ou uma marca, todos bens que geram direitos. Seja criativa. O que você poderia fazer?

Tem muita gente que vive de renda passiva, pessoas para quem o trabalho diário não é a principal fonte de renda, sabia?

Outras fontes. Ter mais de uma fonte de renda também traz segurança porque faz com que você não dependa somente do seu emprego – do qual pode ser demitida a qualquer momento – ou de um nicho específico de mercado, quando se é autônoma. Busque outros trabalhos, mesmo que no início não remunerem tão bem, mas que ao longo do tempo podem se tornar lucrativos ou simplesmente gerar mais estabilidade. Por que não explorar atividades que você faz com excelência e facilidade para reforçar o orçamento? Conheço mulheres que transformaram seus talentos em ótimas fontes alternativas de renda: elas fazem origami, arranjos florais, playlists para festas. Para você, pode ser simples a ponto de executar de olhos fechados; para outras pessoas, é tão elaborado que vale a pena pelo serviço. Pense nisso.

APOSENTADORIA

QUE VELHINHA VOCÊ QUER SER?

Veridiana saiu para almoçar com sua mãe e, ao final, a senhora, já chegando aos 70 anos, avisou que pagaria a conta. A filha aceitou a oferta — mesmo porque o cartão seguia suspenso. Mas ficou pensando que esse papel — de convidar a mãe — deveria ser dela, já que trabalha e tem renda ativa. Veridiana não faz muita ideia das reservas da mãe. Sabe que há uma pensão deixada pelo pai, e ela nunca pediu ajuda à filha. "Será que ela conta comigo para outros almoços?", perguntou-se mentalmente. "Será que terei dinheiro para bancar?"

Enquanto a mãe falava alegremente sobre algum assunto do dia a dia, Veridiana se desconectou da conversa e ficou pensando no quanto precisaria guardar para garantir a si mesma uma aposentadoria feliz. Isso, claro, depois de sair do túnel escuro do endividamento. Ela e as amigas já tinham conversado muito sobre que tipo de vida gostariam de ter quando não pudessem ou não precisassem mais trabalhar.

Duda costumava dizer que se mudaria para o interior, onde, aliás, o custo de vida costuma ser mais baixo, mas será que teria como se manter? Allegra estava envolvida demais com o negócio nascente e dizia, apesar do tiroteio das amigas, que pensaria nisso quando a empresa tivesse decolado. Rafaela era a mais tranquila: contribuía com o INSS e ainda pagava um plano de previdência privada com ajuda da companhia.

Mas o que aconteceria com ela, Veridiana?

#flaviasimplifica

A preocupação de Veridiana é sensata e pertinente. É durante a fase mais produtiva da nossa vida, e quanto mais cedo melhor, que deve começar a poupança para os anos da velhice feliz. Sei que você já ouviu isso antes e que pensar nisso não é muito agradável, mas é indispensável.

Sabe quando você passa protetor solar para garantir a saúde e a beleza da sua pele por toda a vida? Quando deixa um bilhetinho para o seu amor no espelho do banheiro dizendo que está com saudades dele, cuidando do seu relacionamento? Zelar pelo dinheiro exige o mesmo empenho. É preciso vigilância constante, e isso não garantirá só o futuro, mas também cada novo dia com mais tranquilidade, beleza, prazeres e boa companhia. Tomar conta do dinheiro trará benefícios no final e muitas sensações boas no caminho. Trará conquistas, sossego, bem-estar, equilíbrio e consumo de qualidade.

Quero que você reflita por alguns minutos sobre como você gostaria de ser, financeiramente, quando for uma jovem velhinha. Onde você estará morando? Onde passará suas férias?

Então, faça rapidamente uma conta e responda: de quanto dinheiro você precisaria pra viver mensalmente se esse estilo de vida começasse hoje?

Muitas pessoas não pensam nisso ao longo da vida e só se dão conta da importância de ter uma boa reserva financeira para a aposentadoria quando se deparam com a falta dela. Quantas famílias você conhece que tiveram que baixar o padrão de vida entre a fase produtiva e o período sem trabalho? Essa realidade ainda é muito comum no Brasil. As famílias perdem poder de compra após a aposentadoria e, para ter possibilidade de férias, de bancar um tratamento médico ou até mesmo para sobreviver, precisam de aportes dos filhos. Se você acha que esse deve ser o caminho financeiro das famílias, tudo bem! Respeito sua opinião; muitas pessoas com quem já conversei sobre isso pensam assim. Mas, se você não pretende ser financiada pelos filhos no futuro, é preciso tomar uma providência o quanto antes.

A aposentadoria do governo, para quem contribui com ela, e os planos de previdência privada, sejam da empresa onde você trabalha, sejam particulares, podem ajudar a compor essa renda, mas serão suficientes?

Vamos fazer o seguinte: imagine que você deseja preservar aos 65 anos o mesmo padrão de vida que tem hoje. Se você tem filhos, pode excluir o valor da escola; se não, calcule o mesmo total das despesas atuais. Você deve estar pensando: "Aos 65, eu não vou querer comprar tanta roupa, ou não vou viajar tanto, ou não terei mais que pagar o financiamento da casa." Tudo bem; mas o custo de vida a partir dos 65 sobe no grupo da saúde (plano de saúde, remédios), na alimentação mais saudável, em viagens mais estruturadas. Isso sem contar que você pode ter que ajudar um filho, um familiar ou amigo. Qual o tamanho da reserva necessária para construir essa tranquilidade?

Muitos sites, aplicativos e planilhas disponíveis na internet podem ajudar você a fazer essa conta. De maneira geral, porém, essa reserva dependerá de com quanto você poderá contribuir por mês, onde aplicará o montante e quanto tempo terá para fazer aportes.

Separei esta tabela para ajudar você a começar a pensar nesse assunto. Na linha horizontal há cinco possibilidades de renda pretendida para o futuro: R$ 500,00, R$ 1.000,00, R$ 2.500,00, R$ 5.000,00 e R$ 10.000,00 por mês (tente imaginar onde você se situa hoje e projete). Na vertical, o tempo que você ainda tem para contribuir para esse grande fundo de reserva para o seu futuro. A tabela considera que o dinheiro aplicado renderá 0,7% ao mês para uma inflação de 0,3% e sobre ele incidirá um desconto de 15% de imposto de renda. Para entender melhor: se você pretende uma renda de R$ 2.500,00 mensais na aposentadoria e tem 25 anos de contribuição pela frente, terá que depositar a cada mês aproximadamente R$ 1.786,72.

Aporte mensal					
Renda pretendida	500,00	1.000,00	2.500,00	5.000,00	10.000,00
20 anos/240 meses	488,50	977,01	2.442,51	4.885,03	9.770,06
25 anos/300 meses	353,74	707,50	1.786,72	3.537,44	7.074,88
30 anos/360 meses	266,17	532,34	1.330,85	2.661,70	5.323,40
Poupança formada	170.000,00	340.000,00	850.000,00	1.700.000,00	3.400.000,00

Condições de simulação: 0,7% de rendimento ao mês; 0,3% de inflação; 15% desc. IR

Ao longo da vida, sempre que tiver um aumento de salário ou surgir uma nova receita, é natural que queira usufruir de mais conforto e dar um *upgrade* no padrão de vida. No entanto, não se esqueça de destinar uma verba maior para aumentar a reserva para o futuro — mesmo porque você não gostaria de baixar o padrão, certo?

> CUIDE DO SEU DINHEIRO HOJE PARA QUE ELE CUIDE DE VOCÊ AMANHÃ. – Suze Orman, consultora americana de finanças pessoais

MÃO NA MASSA

Espero ter convencido você sobre a importância de poupar para essa finalidade. Por outro lado, também sei que, para a maioria das pessoas, fazer uma poupança desse porte é muito difícil. Quando veem o cálculo, muitas se sentem desamparadas e simplesmente desistem. Mas gostaria de converter esse desamparo em mobilização, não em paralisia!

Vamos pensar na situação da Rafa, que, de certa forma, é a mais "confortável" entre as circunstâncias das nossas quatro mulheres. Imaginemos que ela consiga fazer aportes dos 40 até os 65 anos e então se aposente. Ok, ela tem a previdência da empresa e a aposentaria do governo, mas, somadas, essas duas rendas não comporão os R$ 5.000,00 necessários para manter o padrão atual. Supondo que esses dois aportes para aposentadoria garantam R$ 2.500,00 de renda vitalícia, ela precisará poupar para chegar aos R$ 5.000,00. Vamos lá: ela tem 25 anos de contribuição e precisará de mais R$ 2.500,00 por mês para complementar a renda que deseja. Terá então que formar uma poupança de R$ 850.000,00, que lhe renderá mensalmente mais R$ 2.500,00. Na prática, mesmo Rafa, a mais precavida, teria que guardar mais do que guarda!

Conheço especialistas que recomendam poupar 40% da renda bruta para garantir uma velhice próspera. Acho isso bastante difícil: para a maioria das pessoas, exigiria sacrifícios imensos e comprometeria a qualidade atual de vida. E não é isso o que queremos para nós mesmas, certo? Mas confesso que eu me organizei para guardar 30% de meus rendimentos. Há renúncias, claro, mas quero ser uma velhinha feliz, arrastando (pelas rodinhas, claro) minhas malas de viagem por aí.

Nos primeiros anos será duro, porque no dia a dia sentirá mais intensamente a falta do dinheiro que estará guardando, mas, ao longo da vida, você se adequará a um padrão que poderá ser mantido pra sempre, e isso pode ser muito reconfortante. Minha estratégia familiar é guardar o relativo ao ano no primeiro semestre, fazendo o máximo de esforço para ganhar mais e gastar menos; daí, na segunda metade do ano, podemos usar tudo o que ganharmos. É bastante prazeroso ter mais dinheiro disponível para as coisas que nos fazem felizes.

Quando proponho que não nos deixemos paralisar pela constatação do tamanho dessa reserva, penso no quanto é importante calcular o máximo que você pode guardar, ainda que isso exija esforços. E mais: aplicar no melhor lugar possível.

Há vários produtos no mercado para fazer esse "porcão". Um plano de previdência privada tem a vantagem de obrigar você a se programar: todo mês, faça chuva, faça sol, um boleto vai aterrissar no seu e-mail ou sob a sua porta e você terá que pagá-lo. No entanto, é preciso analisar bem as condições e fazer todas as perguntas, todas mesmo, antes de contratar um: a partir de quando você poderá fazer saques? Qual o tamanho desse saque? Ele será reajustado pela inflação? Que parcela será devorada pelo imposto de renda? O que acontece se você deixar de pagar? Bancos de varejo e gestoras de investimento também têm opções interessantes de investimento e vale pesquisar. O mais importante, porém, é saber qual a parcela que poderá usar aos 60, 65 anos — considere a idade com que você planeja parar. Você já está com 30, 40, e nunca guardou nada? Sempre é hora de começar.

A DO MARIDO NÃO É NECESSARIAMENTE SUA

Já ouvi de muitas mulheres uma frase terrível: "Ah, eu não me preocupo com isso, meu marido tem uma superaposentadoria porque paga a previdência privada." É o tipo de afirmação que me aflige. Em caso de separação, previdência não é algo que se divide — a não ser que você tenha um advogado extraordinário e dinheiro e energia para brigar muito nos tribunais (e mesmo assim sem garantia de sucesso). Informe-se sobre o tamanho desse bolo e monte um plano de ação. Há imóveis que poderiam ficar com você em caso de separação? Eles poderiam representar uma aposentadoria? Até agora você não sabia disso, mas agora sabe, então comece a desenhar o seu futuro sem contar com o outro. É duro dizer isso, eu sei. Pode ser que essa união se prolongue até o final da vida de um dos dois, mas pode ser que não. E aí?

Você se sente angustiada depois de ler tudo isso? Eu entendo e realmente lamento. A falta da educação financeira nas nossas vidas causa esse tipo de informação-surpresa aflitiva, mas prefiro que você tenha essa sensação só agora. Depois de pôr em prática o plano para sua aposentadoria, estou certa de que passará a se sentir feliz e poderosa porque estará construindo o futuro de uma velhinha feliz!

INDEPENDÊNCIA FINANCEIRA

O TEMPO DA LIBERDADE

Ser financeiramente independente significa não precisar trabalhar para sobreviver. Isso quer dizer que o rendimento dos seus investimentos – aluguéis, dividendos de ações, ativos que rendem juros, por exemplo – superam suas despesas mensais.

Para mim, esse conceito está ligado a liberdade e qualidade de vida. Imagine só, você podendo trabalhar exclusivamente no que você mais gosta – sabe aquele trabalho que faria mesmo que não recebesse por isso? – e somente pelo tempo que achar confortável. Incrível, não é?

Para atingir a independência financeira você precisará de uma renda mensal suficiente para manter certo padrão de vida por tempo indeterminado. Até porque ninguém quer morrer logo e a expectativa de vida está cada vez maior. Especialistas no assunto dizem que podemos viver até perto dos 100 anos!

Independência financeira não é uma meta obrigatória, como o fundo para a aposentadoria. Quero deixar bem claro que é uma sugestão. Não acho que ser financeiramente independente aos 45 anos seja essencial para sua vida, mas acredito muito que pode ser um objetivo recompensador a se buscar.

Você precisará de um plano, semelhante aos que terá que fazer para realizar outros sonhos. Tome nota destes pontos importantes:

- Algum dinheiro do seu mês ou do ano deverá se destinar a esse projeto.
- Esse dinheiro poderá ser acumulado gastando menos ou ganhando mais. Ou até os dois se for capaz.
- Se você usar todo o seu recurso para pagar contas, lazer e compras, será muito difícil alcançar a meta.
- Com o tempo, você terá ganhos cada vez maiores: aumentos de salário, bônus, participação nos lucros da empresa em que trabalha (estou aqui torcendo muito para isso). No entanto, tente não usar esse crescimento de receita para melhorar seu padrão de vida na mesma proporção: aproveite os ganhos de capital para aumentar a verba de contribuição do seu plano de independência. Normalmente subimos nosso padrão de vida sem ter consciência disso. Vamos aproveitando o conforto recém-conquistado e deixamos de pensar no dia de amanhã.

Quer um exemplo? Se você pretende ter renda vitalícia de R$ 5.000,00, como na nossa tabela do capítulo 8, precisará ter poupado R$ 1.700.000,00 (nas condições de investimentos lá descritas). Quando fizer isso estará livre para fazer o que quiser, com ou sem remuneração.

- Você terá que se organizar financeiramente para separar a verba destinada a esse plano. Ela deve ser aplicada de forma que cresça ao longo do tempo – lembra do nosso amigo juro composto?

- Para fazer o melhor investimento possível, pesquise. O próximo capítulo deste livro trará uma introdução a esse universo e sugiro que você leia com atenção as orientações de um craque do planeta investimento, Paulo Bilyk. Mesmo pegando você pela mão, no começo poderá parecer difícil. Comece aos poucos, entenda, leia os extratos das suas aplicações, experimente e logo você vai dar conselhos sobre o que já aprendeu às suas amigas. Não estou propondo aqui que você se torne uma superinvestidora e conhecedora de tudo que há no mercado; sugiro apenas que experimente. Posso garantir que essa dedicação será muito útil ao longo da sua vida.

A grande recompensa dessa conquista é o ganho na qualidade de vida e a real possibilidade de trabalhar exatamente com aquilo de que você mais gosta.

> ESCOLHE UM TRABALHO DE QUE GOSTES, E NÃO TERÁS QUE TRABALHAR NEM UM DIA NA TUA VIDA. – Confúcio, filósofo chinês

INVESTIMENTOS

UM PONTO DE PARTIDA

Considero a administração do meu capital uma das minhas tarefas do dia a dia (além de ser mãe, irmã, filha, esposa, consultora de finanças pessoais, dona de casa, aspirante a atleta... essas múltiplas tarefas que nós, mulheres, somos capazes de executar simultaneamente com competência). Aliás, uma das tarefas mais interessantes e recompensadoras, porque é do meu futuro – e do futuro da minha família – que estou cuidando.

Pense bem. Não é outro trabalho? Afinal de contas, você troca seu tempo, dedicação e intelecto por ganho de capital. Certo?

Quero apresentar a você uma nova visão sobre investimentos partindo de uma analogia que acredito ser muito pertinente a nós, mulheres. Em nossa vida, estamos sempre buscando novas conquistas e nos desafiando a mantê-las. As minhas são: minha saúde, meu casamento, meus filhos, minha casa, o bem-estar dos meus pais e dos meus irmãos, meu corpo, minha carreira, meu desenvolvimento intelectual, meu hobby... Cada conquista pode ser mais ou menos árdua dependendo da nossa sorte ou habilidade, mas não basta somente chegar lá. Temos que mantê-las de acordo com nossos valores e princípios.

Nos investimentos, acontece da mesma maneira. Temos vários "cofrinhos", cada um com um sonho, e devemos cuidar deles com disciplina, dedicação e considerando a posição/prioridade que cada um assumirá em determinado momento de vida. Para nos ajudar a construir e aumentar esses cofrinhos, convidei um amigo para responder as principais dúvidas que temos sobre investimentos. Não qualquer amigo, claro. Paulo Bilyk é diretor da Rio Bravo Investimentos, gestora de recursos de investidores institucionais e de pessoas físicas. Antes, ele foi sócio e diretor executivo do Banco Pactual (atualmente BTG Pactual), onde dirigiu o departamento de finanças corporativas, que passou a integrar em 1992 como associado. Por que o Paulo, e não outro financista qualquer? Porque gosto da maneira como ele se posiciona em relação ao dinheiro, algo que deve nos trazer conforto e serenidade, e não nos obrigar a uma corrida maluca para acumular, acumular, acumular. O texto a seguir resulta de uma entrevista que fiz com ele especialmente para este livro. Espero que você aproveite cada linha para reavaliar a sua relação com dinheiro e definir os rumos dos seus investimentos de agora em diante.

O que toda mulher deve saber antes de tomar a decisão de investir seu dinheiro?

P.B. – A condição essencial é conseguir controlar o que gasta *versus* o que ganha. Para isso, ela precisará entender quais são as receitas da família – o salário do marido e o dela própria, as rendas de que dispõe, como um aluguel, enfim, todas as entradas. Em seguida, terá que montar planilhas, durante alguns meses, para avaliar todas as despesas. Nesse processo, é sempre útil classificar os gastos em três categorias: a do "preciso", a do "seria bom se eu pudesse" e a do "supérfluo ou irrelevante". A casa está gastando mais do que ganha? Nesse caso, o primeiro e melhor investimento será equilibrar essa conta. Pagar uma dívida é um investimento; essa é uma percepção que talvez não seja tão clara para a maioria das pessoas, mas é um ponto crítico. Reduzir despesas que excedem sua renda é investir. Cuidar desse equilíbrio pode gerar alguma frustração no começo, mas depois vem o alívio. Talvez a pessoa não possa ter aquele carro ou morar naquele apartamento, porque a prestação é alta e compromete a receita. Mas, quando abrir mão do que não pode bancar e as suas contas ficarem equilibradas por causa disso, sentirá grande felicidade. Sem olhar esses números todos os meses, ninguém deveria fazer sequer um investimento!

Tendo conseguido isso, o próximo objetivo é estabelecer uma meta de poupança mensal. Pensar em guardar 20% da renda mensalmente é um bom número. No mundo ideal, 50% da renda de todos nós deveriam se destinar à categoria do "preciso" – educação, alimentação, transporte, entre outros; 30% para os itens do "seria bom se eu pudesse"; e 20% deveriam ser canalizados para investimento, lembrando que pagar dívida, como o financiamento da casa, entra aqui. Mesmo que a pessoa comece poupando só 100 reais por mês, com o tempo e disciplina conseguirá aumentar o valor. Existem mecanismos financeiros para poupar pequenas quantias e fazer o bolo crescer.

Quando alguém começa a praticar ioga, precisará de anos de treinamento para chegar às posições complexas. Curiosamente, a gente acha que com dinheiro é diferente: ou se tem muito ou pouco. Não é verdade. Investir é uma filosofia de vida que parte de um orçamento equilibrado, que, por sua vez, parte da consciência da renda e das despesas. É uma discussão que exige maturidade por parte das famílias, porque às vezes implica em fazer escolhas: vamos cortar o futebol do menino? Buscar um colégio mais acessível? Fazer a viagem ou custear o curso de inglês? Discutir o orçamento é discutir todas as prioridades da família.

Existe diferença entre poupar e investir?

P.B. – Guardar dinheiro é não gastar. Investir é transformar esse não-gasto em algo que, idealmente, não somente manterá o valor em relação à inflação, mas ainda crescerá graças aos juros ao longo do tempo. Por que dinheiro vale juros no tempo? Porque quem necessita de capital está disposto a pagar àquele que poupou; essa quantia, em tese, será investida em algo que, um dia, vai gerar alguma rentabilidade. Estou considerando que as pessoas não estão tomando dinheiro emprestado para consumir, o que só faz sentido se o tal bem de consumo for uma casa, por exemplo. O ideal é que se tome dinheiro emprestado para *construir* alguma coisa. Fora desse cenário, é preciso minimizar os empréstimos: eles são como açúcar – no fundo, sabemos que não faz bem. Com as taxas de juros brasileiras, deve-se evitar financiar uma geladeira; é melhor esperar para comprar quando tiver o total à vista. A sociedade remunera a prudência de quem tem uma atitude de poupança. Alguém precisa desse dinheiro produtivamente para construir alguma coisa. Por exemplo, se você aplicar numa letra de crédito hipotecário, estará financiando quem adquiriu uma casa; se comprou um CDB, emprestou dinheiro para um banco que, na outra ponta, está oferecendo-o para uma empresa que precisa de novos equipamentos. E por aí vai. Faço uma analogia com um prato de comida: ele deve ter proteína, carboidrato e gordura. O crédito é a gordura: não precisa zerar, mas a quantidade deve ser pequena.

Outra situação muito comum é a pessoa ascender na carreira e, com um salário melhor, gastar mais na categoria "seria bom se eu pudesse": cabelereiro, roupas, viagens de classe executiva, o segundo carro. É muito fácil ver que esses itens não fazem parte do "preciso". Além de não serem necessidades, criam ônus. Muita gente se vê administrando mil coisas que elas próprias inventaram e que estão impedindo-as de aproveitar o ganho de riqueza que tiveram, pois só empilharam itens desnecessários. Por isso, olhar o orçamento é tão interessante. Uma vez por ano, eu faço isso também. Dou uma escovada geral e me pergunto se a gente de fato precisa viver com aquilo tudo. Somos muito patrimonialistas no Brasil; repare se na Europa as pessoas têm outra casa. E, mesmo quando têm, é *uma*, que alugam no resto do ano para alguém. A verdade é que deveríamos pensar com um pouco mais de frugalidade, sem confundir frugalidade com tristeza, porque ela traz felicidade. E, quando a pessoa foca no importante, abre espaço para um plano de formação de poupança.

Quando invisto meu dinheiro, quem também está ganhando com isso na outra ponta?

P.B. – Depende de como você investiu. Por exemplo, se emprestou para o governo federal comprando títulos públicos, talvez esteja financiando o buraco orçamentário do Brasil, e não a construção de estradas, hospitais e aeroportos. No entanto, esse investimento oferece baixo risco — e o rendimento também será baixo. É importante saber que, quanto maior o risco, maior a possibilidade de ganho, e vice-versa. Na outra ponta, se você comprar ações de uma empresa, o risco é maior, mas a possibilidade de ganho também aumenta. Você se torna acionista daquela empresa, mesmo com 100 ou 200 reais, e estará pagando, naquela proporção, os salários dos empregados e os impostos; da mesma forma, se a empresa tiver lucro, você também terá. E há um mar de possibilidades entre o título público e as ações de uma empresa: bens que geram renda, outras formas de crédito com papéis privados etc. Aos poucos, as pessoas vão se acostumando a compor esse bolo, comprando um pouco disso, um pouco daquilo.

A quem pedir ajuda, sem ser ao gerente do banco, para aplicar direito?

P.B. – Vejo surgir no Brasil o planejador financeiro, um profissional que na Europa e nos Estados Unidos é bem comum, mas ainda há poucos no mercado brasileiro. O gerente do banco ou o funcionário da corretora não é amigo nem necessariamente inimigo: é alguém que quer vender um produto. Isso não quer dizer que você precisa daquilo nem que aquele produto seja o melhor para você. Melhor contar com uma pessoa isenta. Por outro lado, há muitos sites de boa qualidade para quem deseja acompanhar as finanças pessoais, vinculados a grandes corretoras e mesmo a alguns bancos. É válido começar a ler e, mesmo que sozinha, tentar entender. Manter-se desinformada sobre as próprias finanças é imprudente. Quando compra uma casa, você não se informa sobre o bairro, a segurança, o transporte, se os funcionários chegarão facilmente àquele local? Para escolher o colégio do filho, não visita dez escolas? Entregar sua vida financeira para outra pessoa administrar, passivamente, nunca vai dar certo, nem para quem tem fortunas. Aliás, o jeito mais fácil de perder grandes fortunas é entregá-las cegamente aos cuidados de terceiros.

O que um gestor de investimentos vai perguntar a uma mulher que deseja investir?

P.B. - Um gestor responsável e capaz procurará entender quem está poupando e para quê. Que rendas aquela mulher tem e qual a estabilidade delas. Se a pessoa tem ganhos confortáveis e muito previsíveis, o gestor pode sugerir investimentos mais de longo prazo; mas, se ela vive de trabalhos temporários, será necessário manter um nível de liquidez maior na carteira dessa cliente, pois ela poderá ficar três meses sem receber e precisará daquele capital para viver. Se é idosa e não tem disponibilidade de fazer frente a urgências, será preciso aumentar a liquidez e correr menos riscos com aquele dinheiro. Por tudo isso, ao procurar um gestor de investimentos, a mulher tem que estar pronta para contar a ele como é sua vida, quais são as suas despesas e receitas, o que deseja construir e como se comporta perante o risco. Nem sempre as pessoas sabem — até a hora em que o risco acontece. Se a poupança delas está aplicada 100% na bolsa de valores e a instituição cai 30% em um ano, tem gente que perde o prumo, e isso afeta toda a vida. Por outro lado, outros mantêm a serenidade porque confiam que, com o tempo, essa perda será recuperada.

As mulheres têm mais medo do risco do que os homens?

P.B. - Na minha experiência, a mulher é muito mais disciplinada e cuidadosa ao fazer um plano de formação de poupança. Mas também é tipicamente mais avessa ao risco do que o homem. Ela está disposta a ganhar menos para preservar o capital, pois pensa no futuro, na família, nos filhos. Há várias pesquisas mostrando isso.

Em quais instituições as mulheres poderiam investir seus recursos?

P.B. – Em bancos, que têm áreas específicas de gestão de recursos; em empresas exclusivamente de gestão de recursos; ou em corretoras que vendem produtos de investimento próprios ou de terceiros, atuando como "supermercados". Cada pessoa vai encontrar em alguma dessas instituições alguém que tenha a sua cara. Acredito que, no decorrer de processo de formação de poupança no Brasil, assistiremos cada vez mais ao surgimento de empresas especializadas em gestão de recursos, gente que só faz isso e não são bancos comerciais nem corretoras. Por enquanto, a poupança brasileira ainda é baixíssima, pois o governo gasta mais do que poupa e as famílias ainda guardam pouco, diferentemente dos asiáticos e dos norte-americanos. Nesses lugares, o mercado de gestão de investimentos é muito maior. Acredito que será assim aqui também.

Só quem tem valores muito altos pode recorrer a uma gestora de recursos?

P.B. – Isso não é verdade. Na maioria delas há produtos para todos os bolsos. Fundos imobiliários, por exemplo, são um excelente investimento para começar uma poupança e representam um bom começo para aprender o que é um fundo, como se entra, como se vende na hora que se quiser sair. Alguns pagam dividendos para quem precisa de rendimentos regulares, outros podem ser mais ou menos favoráveis do ponto de vista tributário. Por isso, tem que perguntar tudo antes.

Quando aplicamos na poupança, para onde vai o dinheiro?
P.B. – Vai para o sistema financeiro habitacional, mas geralmente é um mau investimento, pois remunera pouco o capital. É muito melhor comprar um fundo imobiliário.

Quais são as vantagens e desvantagens da previdência privada?
P.B. – A principal vantagem é fiscal, por meio de benefícios no imposto de renda. Também representa um bom caminho para começar um plano de poupança, pois cria um comprometimento, uma obrigação que pode funcionar muito bem para certas pessoas. No entanto, é preciso avaliar cuidadosamente os diferentes produtos e informar-se sobre quem está administrando o seu plano, porque nem todas as instituições fazem isso com a mesma competência. Certifique-se da solidez da instituição, pois com previdência não dá para brincar — você pode precisar daquele capital por décadas. Fique atenta ao noticiário sobre bancos e desconfie daqueles que ganham dinheiro inexplicavelmente, de banqueiros que se comportam de maneira exótica, de estabelecimentos que apresentam bons resultados quando todos os demais vão mal em certo momento do mercado.

Quais são os principais perfis de investidores?
P.B. – Existem tantos perfis de investidores quanto pessoas no mundo. Porém, para simplificar a análise, costumamos apontar três: a pessoa mediana, a muito prudente e a arrojada. Entre elas há muitos graus, claro. A pessoa totalmente avessa a risco aceita que seu dinheiro basicamente mantenha o valor; se não perder para a inflação já está bom. Antigamente, ela tinha dólar no colchão. No outro

extremo, tem a pessoa que está disposta a correr todos os riscos porque deseja dobrar seu capital em 1 ano; são empreendedores arrojadíssimos, que às vezes têm vidas fabulosas, às vezes trágicas, e o maior exemplo talvez seja o empresário Eike Batista. Tem gente que nasceu para isso, mas tal estilo de vida tem um ônus psicológico gigantesco. A maioria das pessoas se encontra em algum lugar no meio do caminho. Para mim, o mais importante é se conhecer. Só quem se conhece investirá bem o seu dinheiro.

Por que ter capital investido pode trazer tranquilidade financeira?

P.B. – Porque você terá um colchão para enfrentar problemas com serenidade, ajudar alguém na sua família, dar a seu filho a oportunidade de estudar num lugar bacana, talvez oferecer uma casa ao outro filho recém-casado, ou, o que seria melhor, meia casa, assim ele também participa do esforço. Com esse colchão, você poderá viajar e fazer contribuições filantrópicas de forma consistente e bem pensada. É um estilo de vida. O objetivo de formar uma poupança não deve ser o de se tornar a pessoa mais rica do Brasil, e sim o de juntar riqueza suficiente para permitir a cada um de nós a alegria de ter as coisas que queremos e ajudar as pessoas que amamos a ter o que elas querem. Como esse colchão, quando eu falecer, poderei deixar uma parcela do que acumulei para as coisas bonitas da vida e outro tanto para os meus filhos continuarem a vida deles também com algum nível de conforto. Isso é uma proposição bonita de utilização dos recursos, contemplando a nossa serenidade no hoje, a nossa contribuição para a sociedade e para o bem-estar da próxima geração. Todas as coisas, com moderação.

GUIA PARA UMA VIDA MAIS PRÓSPERA

SE EU TIVESSE QUE RESUMIR TUDO O QUE PROPUS ATÉ AGORA...

Prosperidade (do latim *prosperitate*). Qualidade ou estado de próspero; situação próspera.

Prosperar. Tornar-se próspero ou afortunado; enriquecer; ser favorável; progredir; desenvolver.

Próspero. Propício, favorável, ditoso, feliz, venturoso.

1. Cuide do seu dinheiro.

2. Tome as rédeas da sua vida financeira. A responsabilidade é só sua.

3. Invista em aprendizado. Qualifique-se.

4. Tenha uma renda passiva.

5. Pense mais em como aumentar sua renda.

6. Gaste menos do que você ganha.

7. Busque realizar seus pequenos sonhos.

8. Melhore a qualidade de seu consumo.

9. Mantenha seus documentos financeiros organizados.

10. Faça o dinheiro trabalhar pra você.

AGRADECIMENTOS

É muito bom chegar a este momento do livro e realizar a magnitude das pessoas que nos cercam e nos fazem crescer.

A vida coloca em nossos caminhos pessoas maravilhosas, e eu a agradeço imensamente por ter escolhido vocês pra mim.

A Ale Sanchez, que com seu olhar carinhoso despertou em mim uma Organizadora Financeira.

A Cris Zanetti e Fe Resende, que têm me conduzido ao mundo dos livros.

Àquelas que me fizeram autora, Martha Ribas e Sibelle Pedral. Muito obrigada!

Ao Paulo Bilyk, por aceitar fazer parte deste projeto com seu rico conhecimento.

Aos meus clientes e amigos. Sem vocês estas histórias não existiriam. Obrigada pela confiança.

Ao David Lord Tuch, Ricardo Mader e Herberth Albrecht, que me mostraram que outros caminhos além daqueles que eu tinha escolhido poderiam ser melhores.

Ao meu marido Cris por ser meu conselheiro nesta empreitada, mas principalmente por acreditar e apoiar minhas escolhas com carinho.

Aos meus filhos, Luiza e Antonio, por alimentarem em mim a vontade de ser alguém melhor todos os dias.

A minha mãe e meus irmãos. Adoro ser parte deste time de tanto amor.

1ª edição Janeiro de 2015
papel de miolo Chambril Avena 70g/m²
papel de capa Cartão Supremo 250g/m²
tipografia Permian SerifTypeface